그대에게

나의 이야기를 보냅니다

2023년 겨울에

김 미 정 드림

손이
말
했
다

김미정 수필집

손이 말했다

육일문화사

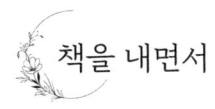 책을 내면서

추억의 힘을 빌려 손을 펼친다.
기나긴 이야기를 조각조각 이야기로 담는다.
이야기로 드문드문 고향을 거닐다,
간혹 뒷모습과 같은 이야기를 남긴다.
이야기로 열어 지극히 이야기로 닫는다.

아주 오래전에 돌아가신 아버지,
그 감성의 농도는 친절할 정도로 짙었다.
마찬가지로 절묘한 감수성을 배경 삼아
큰 눈망울로 주의 깊게 사물을 응시하리라.

몇 해 전부터 여든이 훌쩍 넘은 엄마는
빼곡하게 진실된 일기를 가꿔 나간다.
엄마의 손끝에서 강인한 하루가 숨을 쉰다.
마찬가지로 꾸준히 흔들림 없이 경작하리라.

책이 닿는 점, 선, 면, 공기마저도
감사할 이들에게 더없이 감사하다.

　　　　　　　　2023년 겨울빛이 스며드는 날에
　　　　　　　　　　　　　　김 미 정

차례

□ 책을 내면서

1부
문득

빛	13
이끼	20
의자 그 자리에서	26
나를 대하는 자세	32
설거지하는 여인들	37
그레이 씨의 특별한 하루	43
소녀를 만나다	49
삶의 여정, 그곳에는 책이 있다	52

2부
어렴풋이

밥을 차리다   61
우산   67
보물찾기   72
김치 맛의 미학   78
피망과 토마토   83
신발이 들썩이다   89
그를 본다   94
수면의 단상   98

3부

사뭇

사진	107
두 개의 싹	113
도시락을 열다	120
삶의 방식	126
장미꽃다발	133
꾀꼬리를 탐하다	138
소리가 아닌 소리	142
그 자리	147

4부
떠오른

등을 밀다	155
관계자외 출입금지	161
사자어금니	167
밤이 지나가는 소리	173
감나무가 있는 그곳	178
찬란한 용기, 당신을 응원하며	184
주머니 속의 이야기	190
숨구멍을 뚫다	195

5부
그날

손이 말했다	203
출근 그리고 퇴근	209
문	214
내일을 꿈꾸다	220
버스 안에서	225
측백나무의 나지막한 탄식	228
운수 좋은 날	234
아버지의 자전거	240

● 평설 | 249
서정과 서사의 심미적 교감, 아버지를 다시 읽다
박희선(수필가, 문학평론가, 우하 박문하문학상 운영위원장)

1부 ─ 문득

빛

빛이 쏟아진다. 창문 너머 방 안으로 여름빛이 건너와 숨을 내쉰다.

열네 살의 나는 얼굴을 잔뜩 찡그리며 진분홍빛 커튼을 닫는다. 오빠의 안경이 책상 한쪽 귀퉁이에 널브러져 있다. 은빛 물비늘을 닮은 오래된 안경은 다리 하나가 부러진 채 천덕꾸러기가 된 지 오래다. 그런 안경이 나의 두 눈에 마법을 부렸다. 힘없이 벽에 내걸린, 희뿌연 윤동주의 「서시」가 한 무더기의 별빛을 쏟아내며 점점 더 뚜렷이 다가왔다.

불쑥 아버지의 목소리가 마당으로 들어선다. 아버지가 우리 남매들을 부를 때는 빤했다. 걸핏하면 딱 그만큼의 돈을 쥐여 주며 막걸리나 담배 심부름을 시키거나, 틈만 나면 농사일을 거들라며 논과 밭으로 내모는 경우가 허다했다. '누구야.' 이렇게 부르면 감질날 목청이건만 "야! 야!" 누구 없느냐며 서릿발 서린 소리가 끈덕지다. 발끈한 아버지는 금세 상기되어 방문을 매몰차게 열어젖힌다. 팔자 좋게 낮잠을 자던 개가 먼저 화들짝 몸을 일으킨다. 나는 툭 불거져 나온 양쪽 볼을 씰룩이며 꿈적꿈적 신발을 구겨 신는다.

아버지의 자전거가 눈에 띈다. 논에 갈 적마다 아버지는 으레 자전거의 뒤꽁무니에 삽이나 낫자루를 실었다. 고단한 삶을 함께한 늙수그레한 자전거와 바지런한 주인에게 무던히도 끌려 다니는 농기구의 몰골을 마주할 때마다 측은하다. 미리 논에 놔두고 왔는지 오늘은 어디에도 없다. 무턱대고 자전거 뒤에 타란다. 내가 "왜요?"라고 물으며 엉거주춤 아버지 뒤에 바투 앉는다. 잔말 말고 따라오라며 자전거 페달을 밟는다. 아버지도 자전거도 힘에 부쳐 쉬이 나아가지 못하고 지그재그로 비틀거린다. 땀과 흙냄새로 시큼해진 옷자락을 잡은 조그마한 손이 움찔한다.

둘 사이에 흐르는 침묵이 자전거의 페달에 휘감긴다. 마을 어귀를 벗어날 즈음, 아버지는 우리 집의 논이 몇 배미이고 어디쯤에 있는지 물었다. 내가 주저주저하며 얼버무리자 퉁바리를 준다. 학교에 가지 않는 날이면 이리저리 논밭 길을 헤매던 터라 모를 리 없다. 논 한 배미가 농수로를 끼고 있는 곳에서 두 번째인지 세 번째인지 항상 헷갈릴 뿐이다.

고단한 자전거는 쉬이 속력을 내지 못했다. 아버지는 마지못해 집에서 가까운 농로에 자전거를 세웠다. 가쁜 숨을 고르는 것도 잠깐이다. 홀로 논둑길을 따라 가장자리의 벼를 손마디로 쓸어가며 찬찬히 앞으로 나아갔다. 나는 몇 발짝을 어기적대다 자리에 도로 퍼더앉았다. 뒤꿈치에 박인 옹이들이 고무신에 끌려 거치적거리는지 기우뚱 절쑥거리며 걷는 아버지의 뒷모습은 논 끄트머리까지 이어졌다. 시킬 만한 일들이 없나 둘러보는 거라고 혼자 지레짐작한다.

땡볕이 정수리까지 차오르고 목덜미에 달라붙는다. 서둘러 오느라 햇빛을 가릴 모자를 챙기지 못해 심통이 난다. 괜히 마구잡이로 쥐어뜯긴 마디풀이며 질경이만 죽을 맛이다. 얼마쯤 흘렀을까, 아버지는 내가 앉아 있는 곳으로 되돌아왔다. 이마에 맺힌 땀이 검버섯 핀 볼을 타고 주르르 흘러내렸다. 구릿빛 피부에 어린 땀방울을 훔쳐내는 팔뚝은 그대로 질척한 흙더미다.

한때는 빛나던 당신이었다. 해묵은 양복 정장도 아버지의 훤칠한 키와 늠름한 풍채에 반해 절로 빛을 발했다. 굵직한 목소리로 중년 가수들의 노래를 흥얼거리고 선한 눈매로 소소한 농담을 건넬 때면 더욱 도드라졌다. 반지르르 광택이 나는 구두를 신고 도심을 활보하면 멋쟁이 신사 그 자체다.

아버지는 종종 도회지에 나가는 것을 꿈꿔왔다. 뙤약볕에 달과 별빛을 마주하며 주야장천 들판으로 달려가는 대신 도시 곳곳에 내걸린 네온사인의 불빛을 동경했다. 이모부의 청을 따랐더라면 공장의 근로자가 될 터였다. 도시가 희망의 빛줄기라 여겼다. 하지만 그 빛은 너무나 눈부시고 강렬해 당신이 감당하는 게 무리였다.

더군다나 거추장스러운 그림자가 늘 따라다녔다. 왼쪽 볼 가장자리에 매달린 조그만 혹은 거무스레했다. 늘그막까지 뒷바라지해야 할 자식 다섯의 보이지 않는 혹까지 떡하니 매달려 있었다. 어느 순간 이웃들에게 잔정을 베풀며 궂은 일도 마다하지 않는 착실한 혹부리 아저씨가 되어 갔다. 아버지의 낯빛은 하나하나 주름이 늘면서 삭정이 같은 마른 어둠이 들어찼다.

아버지가 들판에 펼쳐진 푸른 물결을 응시한다. 한 포기

한 포기마다 살가운 눈길로 대하는 모습이 영 낯설다. 굴곡진 광대뼈 위로 쏘아보듯 매서운 눈빛은 없다. 잘 자라고 있는 벼들이 마냥 흡족한 듯 애정 어린 시선은 계속되었다. 이내 아버지의 깊은 두 눈에 가을빛 햇살이 푸지게 내려앉는다. 초록빛 벌판은 물결 따라 만고풍상을 너울너울 흘러 보내고, 금싸라기 같은 황금빛을 담아 파도쳐 오는 듯했다. 철부지인 나는 오로지 지평선 멀리 손톱만 한 집을 찾는 데 여념이 없다.

 한동안 들판의 적요가 두 사람 사이를 감싸 안았다. "너는 농사꾼의 딸이다." 갑작스레 아버지가 입을 떼셨다. 이어지는 아버지의 일장 연설이 슬몃슬몃 내 귓가에 스쳐 지나갔다. 행여 농부라는 게 자랑스러운지 묻게 되면 어쩌나 조바심마저 일었다.

 나는 대뜸 오늘은 일 안 하느냐며 궁금증을 토해냈다. 아버지는 속내를 드러내지 않고 논둑에 자라고 있는 줄잎을 꺾어 피리를 분다. 구성진 소리가 무리였는지 자꾸 헛바람만 나온다. 이제 풀잎으로 바람개비를 만든다. 이번에는 아버지 체면을 살려 빙빙 잘도 돈다. 나는 눈을 휘둥그레 뜨고 바람개비를 만지작거린다. 아버지의 무거운 입가에 슬며시 미소가 번진다.

저녁놀을 등에 지고 아버지의 자전거가 씽씽 달렸다. 집으로 돌아가는 길이 마냥 하뭇했다. 엄마는 "하여튼 저 양반은 애들을 못 부려 먹어서 안달 난 사람 같네. 일 없을 때는 그냥 쉬지, 뭐 헌다고 더운 날 고생을 허는지…."라며 혀를 끌끌 찼다. 어느 틈에 바람개비는 아버지의 축 처진 어깨만큼 시들해져 볼품없었다.

어둠이 질게 내려앉은 그날 밤, 아버지는 술기운에 몸을 가누지 못했다. 불콰해진 얼굴로 정체를 알 수 없는 노랫가락마저 곁을 떠나지 못해 허공을 맴돌았다.

아버지는 마루에 걸터앉아 하늘을 바라본다. "야! 야! 여기 와 봐라. 오늘은 요상허게 달이 여러 개가 떴구나." 뒷간에 갔다 붙들린 나도 꼼짝없이 눈썹달을 본다. 희한하게 아버지 말대로 달은 하나가 아닌 네댓 개가 한껏 빛을 발하며 너울너울 춤사위를 펼쳤다. 두 사람은 행여 달이 제 모습을 감추는 게 아닌가 싶어 미동도 하지 않는다. 아버지의 흔들리는 눈동자에, 초점을 잃은 내 어린 두 눈에 달빛은 물결 따라 출렁거렸다. 엄마는 술 취한 양반이 딸 데리고 뭐 하는지 모르겠다며 어서 방에 들어오라고 채근했다.

아버지의 눈빛이 그윽하다. 달빛에 반해 무아지경에 이르며 어둠을 오래도록 붙잡고 있다. 처연함마저 온몸에 감돈다. 거무스름한 얼굴에 은은한 달빛이 사뿐 내려앉는다. 마루에 누워 혼곤히 잠든 아버지의 굽은 등이 허허롭지 않다. 어둠이 빛이 되고 빛이 어둠이 된다.

담뿍 든 햇발이 푸짐하다. 나는 남편과 아이들의 손을 잡고 에메랄드빛 바다로 향한다. 그곳에서 수평선 저 너머 고향에 두고 온 서녘 들판을 하염없이 찾아 헤맨다. 잔잔한 물결은 채 이삭도 패지 않은 벼들마냥 촤르르 사락사락 일렁인다.

농사꾼의 딸은 가만 가만히 손 안 가득, 빛 한 줌 건져 올린다.

이끼

 이끼가 끼었다. 강한 햇볕을 거부하고 숨은 그늘에 웅숭그리는 초라한 이끼다. 허름한 고물상 담장 아래에서 이끼는 슬픔에 잠겨 있다. 나의 양쪽 가슴에 이끼가 들어앉았다. 전 노인의 가슴에는 시름 섞인 바윗덩어리가 자리한다.
 그해 나의 오월은 깊은 터널이었다. 가정의 날 행사로 복닥복닥 떠들썩할 법도 하건만 푸르른 오월은 기색을 잃어 따스함마저 주저했다.
 유방 외과 전문의가 진지하게 말했다. "초음파나 엑스레이를 봤을 때 한쪽도 아닌 양쪽 가슴에 스무 개가 넘는 혹들이 있네요. 이 혹들을 보니 육안으로 봐서는 단순한 물혹이 아니라 암으로 바뀔 수 있고, 백 명 중에 한두 명은 암일 수도 있습니다. 간호사와 얘기해 수술 날짜를 잡아보세요. 날짜가 잡히면 전신마취로 종양 제거 수술을 하면서 조직검사를 하게 될 겁니다. 결과가 나와 봐야 정확히 어떤 건지 알 수 있을 것 같습니다."

병원에 입원해 묵직한 혹들을 떼어 냈다. 검사 결과를 앞두고 깊게 내려앉은 애석한 침묵의 동굴에 갇힌다. 생성과 소멸, 간암, 아버지의 죽음, 나는 연신 입술을 달싹였다. 상념은 꼬리에 꼬리를 문 채 밑도 끝도 없이 이어졌다. 숨어들어 조용히 흐느낀다.

담벼락의 이끼는 묵은 때다. 전 노인은 딸네 집에 와도 여전히 바쁘다. 사부작사부작 묵은 냄비를 닦아 내는 손놀림하며 널찍한 이불을 툭툭 털어내는 몸놀림 또한 예사롭지 않다. 뿌연 먼지 입자들이 허공을 가른다. 낮게 드리운 햇살이 산기슭의 잎이 무성한 나무들 탓인 양 연거푸 되까린다. 떨쳐내지 못한 넋두리가 속절없다.

"밖에 나갈까?" 전 노인의 희끗희끗한 뒤통수에 대고 은근슬쩍 말을 건넸다. 평소와는 달리 그러자며 바닥에서 엉덩이를 뗐다. 엎어지면 코 닿는 야트막한 앞산을 마다하고 호젓한 회동 수원지도 다음으로 미뤘다. 집에서 비교적 가까운데다 이름도 제법 알려진 범어사를 가고자 했다. 고즈넉한 경내를 둘러보면 산사에서 건네주는 위로가 마음을 정갈하게 해줄 듯싶었다.

전 노인은 비닐봉지를 주섬주섬 챙겨 주머니 안에 넣는다. 뭐 하러 그런 걸 가져가느냐며 핀잔을 줬다. 산세가 깊다면 고사리든 버섯이든 무어라도 있을까 싶단다. 관절염이 부쩍 심해진 전 노인은 두 다리를 부여잡고 겨우겨우 일어섰다.

집 앞에 택시가 잡히지 않는다. 전 노인은 쓸데없이 돈을 쓴다며 한사코 대중교통을 이용하자고 팔을 잡아끈다. 지하철을 타고 범어사역 5번 출구로 나와 버스정류장까지 걸어가려던 참이었다. 택시 기사가 흘낏 이쪽을 쳐다보더니 범어사에 가는 길이라면 입구까지 한 방에 갈 수 있다고 운을 뗐다. 합석을 하게 될 경우에는 버스요금과 별반 차이가 없다고 한마디 거들었다. 오르막길이 힘겨운 노인에게는 어쩌면 더 나은 선택이었다.

전 노인의 손바닥 줄무늬는 그대로 금정산의 등산로이다. 유구한 세월이 빚어낸 여러 갈림길이 어지럽게 흩어져 있다. 뻣뻣한 손마디는 옹이가 진 나무껍질처럼 금세 퍼석퍼

석 떨어질 듯하다. 지문이 닳은 서너 개의 손가락은 때죽나무처럼 매끈하다. '까룩' 귀청을 울리는 요란한 직박구리 소리가 노인의 잔소리와 흡사하다.

산민달팽이가 떡하니 길을 막아선다. 다섯 살 즈음이던가, 의료보험제도가 없던 시절 나는 장중첩증으로 생사가 오갔다. 식량 창고에 쌓아 둔 몇 가마니의 쌀을 팔아 겨우겨우 수술을 받았다. 무엇보다 의사가 누구든 개의치 않고 살리는 게 우선이었겠지. 오른쪽 복부에 남겨진 켈로이드성 흉터, 산민달팽이는 여전히 지울 수 없는 상처로 꿈틀댄다.

산민달팽이는 이끼를 먹고 산다. 껍데기를 훌훌 벗어던지고 축축하고 습한 곳에서 점액질을 내뿜으며 자신을 지킨다. 보호색을 띠긴 해도 혐오스러운 형체가 치부를 드러내 놓는 것 같아 황급히 자리를 떠난다.

묵묵히 능선을 따라 걸었다. 평일에도 범어사를 찾는 사람들의 물결이 드문드문 이어졌다. 전 노인은 행여 귀한 버섯이라도 얻을까 싶어 잔뜩 허리를 구부렸다. 하나라도 놓칠세라, 나무를 훑어내듯 꼼꼼히 둥치를 살폈다. 가만히 들여다보니 이끼는 일 년 내내 마르지 않는 숲의 땅바닥은 물론 나무줄기나 가지, 잎까지 감싸고 있다.

대웅전을 가려던 발걸음도 단념했다. 지친 기색이 역력한 전 노인은 범어사 내부를 둘러보자는 손길을 뿌리쳤다. 속이 텅 빈 비닐봉지를 그러쥔 채 풀썩 나무 의자에 주저앉는다. 전 노인의 눈은 사람들의 발길을 따라 바쁘게 움직인다. 덩그마니 앉아 있는 몸집은 만고풍상을 겪어낸 바위가 따로 없다. 나는 바위에 기대앉는다.

초점 없는 눈으로 멍하니 허공을 응시한다. 날개를 찢긴 나비가 자유로이 날지 못하고 팔랑거린다. 투명한 몸짓이 제자리를 맴돈다. 전 노인은 거미줄에 걸린 이파리 하나를 걷어낸다. 내 안에 금빛 물고기가 나풀나풀 헤엄을 친다.

은은한 꽃향기가 코끝에 실린다. 사람들에게 물어물어 이 정표를 찾아 헤매던 끝에 등나무군락지를 발견했다. 범어사 계곡의 바위틈에서 자란 수천 그루의 등나무는 커다란 소나무, 서어나무, 팽나무를 휘감고 산다. 혼자 힘으로는 감내하기 버거웠을까. 어미의 자궁과 이어진 탯줄처럼 동여맨 끈이 견고하다.

숲은 나무와 풀과 동식물이 조화를 이루며 산다. 이끼는 외롭지 않다. 여럿이 함께 어울려야 쉽게 시들지 않는다. 햇빛과 물을 받아 온몸으로 부딪치고 인내하며 영양분을 만들어 강한 생명력을 키운다. 파릇파릇 생기 넘치는 잔디처럼 따사로이 초록빛 융단을 깐다.

  이끼바위에 가본다. 삼삼오오 모인 사람들이 눗정약수터의 물을 마시느라 분주했다. 우뚝 솟은 바위에 이끼가 살포시 안겨 있다. 콸콸콸 거침없이 속내를 드러내지 않는다. 그저 끝임없이 조로록조로록 애정의 물길을 전한다.

  봉긋한 유방에 새하얀 젖줄이 흐른다. 푸른 융단으로 숲을 이룬 젖무덤은 더없이 풍요롭다. 금정산은 너그러운 가슴이다.

의자 그 자리에서

의자가 놓여 있다. 큰 도로에서 집으로 가는 중간 언저리쯤 나무벤치가 보인다. 한때 그곳에는 '동네어른들이 쉬어 가는 곳'이라는 팻말이 조그맣게 걸려 있었다. 딱딱한 빈자리가 유난히 휑하다. 이따금 주인을 영접하듯 의자는 불편한 몸놀림에, 좀 더 고단한 심신을 위해 평안을 간직한다.

의자는 옛 기억을 묻는다. 의자와 마주하는 내내 주체와 객체, 감성과 이성에 깃든다. 이십 대 후반에도 번거로움과 수고로움을 감수하며 부모님과 함께 한적한 시골 마을에 기거했다. 동네 어귀에서 이십여 미터 남짓 안쪽으로 걷다 보면 좌측 들머리에 강 씨 아저씨와 아줌마, 자식들이 살았다.

나는 번번이 옆집 채소밭에 나 있는 샛길을 이용했다. 깐치멀 마을에서 왔다 하여 깐치 아줌마라고 불렸던 옆집 아줌마는 시끄러운 목청 탓에 꼭 아침 까치 같았다. 이따금 마주치는 강 씨 아저씨는 인사를 건넬 때마다 매번 겸연쩍게 머리를 긁적이며 고개를 까딱거렸다.

의자는 흔적을 감춘다. 남새밭은 깐치 아줌마의 터전이다. 매일 새벽 댓바람부터 아줌마는 작달만한 체구에 약통을 들춰 매고 약을 준다. 이슬 찬 아침 기운에 풋내가 아닌 농약 냄새가 진하게 감돈다. 밭작물은 유난히 윤기가 자르르하고 벌레가 들어찰 틈조차 없다. 드문드문 아저씨는 담배를 입에 문 채 묵묵히 밭고랑을 팠고, 미리 한잔 걸친 막걸리의 단내를 풀풀 풍기며 경운기를 끌고 비틀비틀 들판을 향했다. 아줌마는 사시장철 서릿발 같은 면박을 줬다. 일찍 반백이 된 아저씨의 새치 위로 담배 연기가 가뭇없이 사라졌다. 이내 푸념 어린 쇳소리가 새어 나온다. 마당 한구석에 내몰린 철제의자는 늘 위태롭게 그 자리에 나뒹굴고 있다.

의자는 걸음을 옮긴다. 속절없이 시간이 흘러 깐치 아줌마의 허리는 가풀막이 되었다. 남새밭에는 널찍하게 비닐하우스까지 지어 온갖 푸성귀들이 기염을 토하듯 더없이 푸른

빛으로 장관을 이루었다. 불현듯 남새밭 앞길 한가운데 놓인 의자가 기우뚱한다. 옆집 마당 한구석에 널브러져 있는 것을 가져다 놓은 모양이다. 아줌마의 쉼터라 지레짐작했다. 가만, 언제부터인지 아저씨가… 아저씨가 보이지 않는다.

잔뜩 녹이 슨 의자는 허름하다. 심상치 않은 어느 날, 앙상한 뼈마디에 추레한 옷차림의 한 노인이 자리를 지켰다. 동그랗게 등을 구부리고 엉거주춤 의자에 걸터앉는다. 휘청거리는 의자는 몹시 불편하고 불안했다. 노인은 아니 강 씨 아저씨는 부실한 네 개의 다리에 의지해 겨우 의자를 붙잡았다. 다리 하나가 깊이 땅에 박혔다.

의자는 자세를 바꾼다. 한낮에 햇살은 더없이 따가웠다. 울타리 밖 대추나무의 굵디굵은 열매는 오달졌다. 세 그루의 나무는 고마워할 만한 그늘을 길게 드리우지 않았다. 땡볕 아래 의자 바닥이 후끈 달아올랐다. 아저씨는 의자를 움직이거나 고쳐 앉지 않았다. 행여 그 자리를 잃을까 봐 잔뜩 이맛살을 찌푸린 채 노심초사하는 듯했다. 고독한 그 자리에 아저씨의 시선이 멈춘다. 아저씨의 시선에 아줌마가 자리한다. 망연자실 무너지는 해를 처연히 바라보듯 살짝살짝 드러나는, 잔뜩 웅크린 아줌마의 등을 응시한다. 아줌마는 간간이 곁눈질로 아저씨의 동정을 살핀다.

 하루가 이틀 한 달이 훌쩍 지나갔다. 아저씨의 점심 끼니도 그 자리에서 해결했다. 밥과 몇 가지 반찬이 한데 섞인 양푼은 식욕을 잃을 만큼 보잘것없었다. 걸인 행색의 아저씨는 음식을 바닥에 자꾸 떨어트렸지만, 숟가락은 단단히 움켜쥐며 놓지 않았다. 심지어 깐치 아줌마는 탁 트인 우물가에서 아저씨의 더러워진 알몸을 씻겼다. 주위의 시선 따위는 상관없이 연거푸 물을 쏟아부었다. 쌀랑한 바람에, 옷깃을 세우는 계절에 연달아 터져 나오는 아줌마의 욕지거리는 거셌다. 안쓰러운 가족의 정이 아닌 한 맺힌 분풀이처럼. 아저씨는 거부도 저항도 없었다. 수치심도 모멸감도 모른 채 몸을 바르르 떨며 아줌마의 눈초리를 감내하고 있었다. 고통 섞인 소리는 아저씨뿐만이 아니었다. 누구랄 것 없이 우리는 서둘러 고개를 돌렸다.

 의자는 숨을 쉰다. 단조로운 일상에 따따부따 말 옮기기 급급한 동네 사람들은 수런거렸다. 노망난 남편 두고 죽어라 밭일만 하는 여편네 참으로 징하다, 집 안에만 있으면 갑갑한데 햇볕 쬐며 사람 구경이라도 해야지 어쩌겠어, 드센 각시 만나더니 죽을 때까지 매 맞아가면서 욕이나 듣고 참말로 안쓰럽네, 온갖 아저씨의 동정론이 난무했다.

의자는 권력과 의무를 지향한다. 깐치 아줌마의 도외시와 방치였을까. 치매에 대한 복지정책이 뭔지도 치료 방법이 제대로 마련되지도 않은 그 시절, 촌락의 아낙네는 별다른 방도가 딱히 없었다. 바쁜 농사를 거들 만한, 아버지를 극진히 보살필 만한 마땅한 자식들조차 변변히 없었다. 아줌마는 남새밭에 머물 때만큼은 위풍당당했다. 섬약한 지아비를 대신해 의지와 집념으로 여장부 노릇도 톡톡히 해냈다. 강팍한 성미라고 핀잔을 받을지언정 그 자리에서 굳건히 아저씨를 지켰다. 푸른 물결 너머로 아저씨는 석양을 등에 진 심지 곧은 허수아비였다. 반면에 아줌마는 나붓나붓 물결무늬를 그리며 삶을 영글게 하는 너른 벌판이었다.

의자가 사라졌다. 강 씨 아저씨는 밤에 주무시다 갑자기 세상을 떠났다. 원망과 회한으로 얼룩진 아줌마는 여전히 남새밭을 가꿨다. 밭작물은 터무니없이 새파랗다. 비닐하우스는 강한 태풍에 휩쓸려 복구를 하지 못해 철거되었다. 토실토실한 대추나무는 하나둘 병이 들었다. 손에 닿지 않던 대추 알이 바닥으로 떨어져 흩어졌다. 우물물은 점점 말라갔다. 땅을 매입한 엄마는 우물을 없애고 해마다 토란대를 잔뜩 심었다. 토란대는 그늘이 되어 줄 만큼 충분히 키가 자랐다.

 의자는 삶을 내려놓는 공간이다. 시골 버스정류장에는 쓸모없어 내다 버린 의자가 오도카니 놓여 있다. 세월의 흔적을 머금은 의자는 인생의 종착역에서 아련하다. 허허로운 감정을 붙들어 맨다. 시드러운 삶에 낡은 육체를 내려놓는 순간, 그제야 신명나게 숨을 고른다.

나를 대하는 자세

관찰한다. 망설임 없이 나의 하늘을 빤히 관찰한다. 적어도 감당할 만하다.

나 김미정, 정작 나는 누구였던가. 나는 내 인생에서 한 번도 기웃거리지 않았다. 구체적인 이유 없이 피하거나 잦아들지도 않았다. 나의 행동은 지극히 분명했지만, 그들에게는 다소 모호하게 보였던 게다. 무엇이 나를 그리하였나. 나는 끊임없이 의문을 쫓는다.

무리구름, 아마도 내가 예닐곱 살 때였지 싶다. 낚시를 좋아하는 아버지를 따라 강가에 갔다. 지나친 호기심과 달리

썩 유쾌하진 않았다. 어쩌다 돌서덜길에 비틀대며 휘청거리다 그만 발가락이 베었다. 깊숙이 벤 상처에 붉은 피가 강물 속으로 흘렀다. 나는 기겁을 하며 울어댔다. 부리나케 아버지가 달려왔다. 동행한 동네 아저씨는 이미 벌게진 얼굴에 몸조차 제대로 가누기 어려웠다. 흘낏 나를 보더니 잔뜩 혀 꼬부라진 목소리로 "그 집은 딸들도 많은데 한 명 정도는 어떻게 되든 상관없지 않겠어."라며 막말을 토해냈다. 아버지가 역정을 내며 발끈했지만, 나의 미숙한 이해력 탓인지 쉬 위로가 되지 않았다. 쓰라렸다. 생애 처음으로 생존의 가치에 대한 의문이 생겼다. 절대 유쾌한 감정이 아닌 것만은 분명하다.

양떼구름, 차별성은 질투를 낳는다. 아버지를 닮은 남매들은 허우대가 반반했다. 쭉쭉 길게 뻗은 팔다리가 유독 나를 비껴갔다. 나의 존재는 1남 4녀의 한 구성원에 지나지 않았다. 바로 위 언니까지는 정확한 이름과 함께 얼추 비스무리한 이름으로 통했다. 여동생은 막내라는 확고한 위치가 있었다. 나, 나는 그저 정체가 불분명한 누구네 셋째 딸로 통했다. 시골 어르신들의 무딘 관찰력과 기억력 따위를 탓할 수만은 없지 않은가. 이름이 뭐 대수랴. 그냥 눈에 익으면 그만이다. 하지만 키가 훤칠한 여동생과 비교하며 종종 막내 취급을 당하는 수모는 앓는 이처럼 견디기 힘들었다.

안개구름, 혼자라는 느낌은 괴리감을 더 증폭시킨다. 남녀 합반이었던 시골 중학교 생활 내내, 나는 수업 시간에 말썽 한 번 부리는 일 없이 학생의 본분을 충실히 이행했다. 몇몇 교과목 선생님과 반 애들 사이에서는 곧잘 공부를 잘한다는 말도 오갔다. 삼학년이 거의 끝나갈 어느 날인가 고등학교 배정을 공지한다며 담임 선생님이 차례로 한 사람씩 호명했다. 유난히 말수가 적은 선생님은 두어 번 이름을 부른 후 시선을 마주하며 어느 학교라고 일러주었다. 학교를 알게 된 아이들이 점점 늘어나자 기쁨의 환호성과 절망의 탄식으로 금세 시끌벅적했다. 내 차례였다. 흠… 선생님은 한동안 이름 석 자를 보더니 쉽게 내뱉지 못한 채 입만 달싹거렸다. 신학기나 정년을 앞둔 연세가 지긋한 분이라면 적당히 넘어갈 법하다. 어쩌면 이름을 잘 까먹는 우를 범할 수도 있다. 몇몇 아이들의 이름마저 그랬다면 적잖이 위로가 된다. 수치심은 위험 가도를 달렸다. 선생님은 '반 학생 중에 이런 학생이 있었나.' 하는 황망한 눈빛으로 주위를 두리번거렸다. 나는 마지못해 쭈뼛쭈뼛 손을 들었다. 그분과 나만의 낯설고도 생소한 시선은 그리 오래 가지 않았다. 훗날 멋쩍게 다가와 무미건조한 말 한마디라도 건넸다면 달라졌을까. 나는 선생님의 허둥대는 그 무관심 어린 눈길에 치욕의 싹이 자라고 자신감은 뭉텅뭉텅 잘려 나갔다.

  새털구름, 나는 분명 변화에 단련되고 있는 중이라고 여겼다. 고등학교 시절만 해도 친구들에게 먼저 다가가 재잘대지 않았던가. 적막한 분위기를 깨고 주체적으로 대화를 이어나가는 면모도 보였다. 자유분방한 대학에 입학하면 새로운 세계가 펼쳐질 거라며 한껏 들떴다. 과 정원은 남녀를 포함해 80명이었다. 꽤 많긴 했다. 이 낯선 공간과 시간 속에서 주저함은 사치였다. 그들은 각자 나름대로 별나거나 유쾌하거나 불쾌하거나 멋지거나 유치하게 자신을 표현했다. 나는 대학의 열망이나 자유로움이 어색했던지 중고등학교 때와 별반 다르지 않았다. 그저 별다른 일탈 없이 따분하기만 한 주입식 강의를 들었다. 다만 운 좋게 햇살 같은 따사로운 친구를 만났다.

  체육대회가 끝나고 뒤풀이가 있을 때였던가, 각자 이성을 지목하는 방식으로 자기소개 시간을 가졌다. 특출나고 개성 강한 학생들의 소개가 이어졌다. 예쁘장한 내 친구는 소개가 끝난 지 오래였다. 지난 과거의 마지막, 나머지에 대한 불안감이 드문드문 수면 위로 떠올랐다. 잦은 결석에 맨 뒷자리에 앉아 책상에 얼굴을 파묻고 있는 여학생의 소개까지 지났다. 이제나저제나 나를 지목하길, 아니 마지막만 아니길 바랐다. 역시나 집요하리만치 슬픈 예감은 틀린 법이 없다. 과대표가 "이제 다 끝났으니 그만 해산합시다." 막 자리를 털고 일어섰다. 그 틈을 타 "잠시만요, 제 친구 소개 안 했어요." 옆에 앉은 단짝 친구가 나를 일으켜 세웠다. 잘못은 없다. 어차피 누군가는 마지막이 되어야 한다. 단지 홀로 갖는 모멸감과 굴욕감, 세월의 깊이가 더해져 울분만 가득 찼다.

뭉게구름, 당신은 자기 비하와 부정적인 감정을 호소하는 나를 절대 거부하지 않는다. '나는 그냥 이대로의 모습 그대로가 좋아. 존재하는 것만으로도 정말 멋져.' 그제야 웃는다. 당신은 늘 곁에서 끊임없이 사랑한다고 속삭인다. '타인의 시선에 신경 쓰지 마. 그러면 뭐 어때. 그럴 수도 있지.' 나를 보듬고 다독인다. 마음껏 웃는다. 그 이름, 자존감이여! 당신이, 내가 세상의 중심에 섰다. 비로소 잃어버린 나를 찾았다.

하늘을 음미한다. 휴! 구름 한 점 없다.

설거지하는 여인들

수돗가의 수도꼭지 물이 콸콸거리며 고무대야에 쏟아진다. 엄마는 일곱 식구가 먹고 난 그릇과 냄비, 수저, 도마, 칼 등을 두세 번 부뚜막에서 고무대야로 옮겨놓는다. 두 팔을 걷어붙이고 부득불 수돗가에 쪼그려 앉는다. 그릇을 닦는다. 서둘러 냄비도 닦는다. 설거지는 끊임없이 계속 이어진다. 이따금 고개를 들어 뻐근한 어깨를 몇 번 두드리다 때때로 몸을 곧추세운다.

설거지가 끝나고 양쪽 무릎을 붙잡고 일어설 때마다 "어이구, 허리야! 허리가 끊어지려고 허네."라는 말이 절로 나온다. 씻은 그릇과 조리도구를 부엌 선반에 가져다 놓을 때도 "에고, 에고 다리야." 통증 섞인 말을 연거푸 내뱉는다.

철없는 어린 시절에는 곧잘 당혹스러운 일을 만든다. 어슴푸레 기억하는 건, 엄마가 집을 비운 사이 깨복쟁이 친구를 우연히 데려왔을 때였다. 달짝지근한 설탕물을 친구에게 건네주고, 우리는 마주 보며 입술에 묻은 설탕까지 맛있다고 홀짝거렸다. 잔뜩 입 벌린 설탕 봉지를 찬장에 내던졌다. 봉지가 바닥으로 툭 쓰러졌다. 부뚜막 위 유리컵 두 개와 숟가락마저 까맣게 속을 태우며 나뒹굴었다.

농사일을 끝내고 엄마가 집에 온다. 찬장 안에 쏟아진 설탕 봉지와 위태위태한 컵이 등줄기에 땀을 적신다. 나는 괜히 눈치를 살피며 바닥에 떨어뜨려 한 개 더 내놓은 거라고 둘러댔다. 그 일이 있었던 후, 행여 갈증이 나도 친구와 컵 하나로 같이 마셨다. 마신 컵은 잊지 않고 똑바로 세웠다. 내 딴에는 그게 최선이었다.

단념할 수 없다. 그것만은 차마 허용하기가 쉽지 않겠지. 그럼에도 불구하고, 하는 수 없이, 어제 같은 오늘과 마주한 채 엄마는 매일매일 수돗가에 앉아 설거지를 한다. 더군다나 고등학생이 된 오빠 언니들이 내놓은 도시락통은 다섯 개에서 일고여덟 개로 늘어났다. 급기야 엄마는 널찍한 고무대야 한 개를 더 사야 했다.

추운 겨울에는 아궁이에 불을 지펴 물을 한 솥 끓인다. 뜨거운 물로 수돗가의 언 수도꼭지를 녹인다. 별안간 수도꼭지가 기침 소리를 낸다. 마치 엄마가 뱉어내는 가래 섞인 소리처럼 둔탁하다. 엄마는 다시 커다란 통에 뜨거운 물을 부어 얼음을 걷어내고 따뜻한 물과 찬물을 섞는다. 엄마의 벌건 손에 잔뜩 김이 서린다. 설거지가 끝나면 "이제 허리도 못 펴고 살겠네, 어이구 죽겠네."라는 말이 하얀 입김으로 뿜어져 나온다. 급기야 부엌에 들어서도 "에고 다리야. 이놈의 다리가 왜 이렇게 말을 안 들어."라며 따가운 욕설까지 퍼붓는다.

여고생이 되고 얼마 후, 입식 부엌과 수세식 변기가 딸린 양옥집으로 이사를 했다. 엄마는 새로 이사한 집에 들어서자마자 바쁜 걸음으로 주방을 향했다. 평소와는 확연히 달랐다. 허리를 꼿꼿이 편 채 싱크대와 연결한 수도꼭지 물을 틀었다. 세찬 물소리와 함께 엄마의 얼굴에는 시원스러운 웃음이 넘쳐흘렀다. 가스레인지 손잡이를 돌려 파란 불꽃이 일렁이자 세상을 다 얻은 것처럼 흡족해했다.

농촌 일손은 더욱 바빠졌다. 세 자매와 집안일을 분담하는 중에 어쩌다 보니 나는 설거지를 맡기로 했다. 이곳에서 설거지를 한다면 한 시간이 아닌 열 시간도 별 무리 없이 잘할 수 있을 거라고 호언장담했다. 매일 나오는 설거지는 끝이 없었다. 괜한 허세를 부린 탓에 다른 사람들의 뒤치다꺼리만 하는 처지가 줄곧 이어졌다.

나에게 설거지는 식사의 마지막 여정이다. 특별한 일이 없는 한 설거지는 온전히 내 몫이 되었다. 때때로 조급한 엄마는 몇 개 되지도 않는 그릇을 가지고 무슨 설거지를 그렇게 오래 하냐며 주방에 들어섰다. 꼼꼼히 그릇을 닦는 내 행동에 복장이 터졌던 게다. 그때마다 고무장갑을 낀 손으로 엄마 등을 떠밀었다.

직장 일을 늦게 마치고 오는 날이면 누가 설거지를 했는지 단번에 알 수 있다. 닦아 놓은 그릇에 묻은 고춧가루가 눈에 띈다. 밥솥에 달라붙은 미처 떼지 못한 밥알들을 쳐다보는 눈길마저 관대하지 못하다. 청결을 앞세운 완벽주의자는 아니다. 도리어 나이가 들어 점점 약해져 가는 시력과 그악스럽던 엄마의 손아귀 힘이 안타까워 눈시울이 시큰해진다. 나는 힘을 가해 그릇을 닦고 또 닦는다.

엄마가 된 내가 설거지를 하고 있다. 네 살 난 딸이 쪼르르 달려와 내 쪽으로 식탁 의자를 끌어당겨 올라선다. 바짝 붙어서 호기심 가득한 눈망울을 굴린다.

개수대 안 설거지통에는 네 식구가 먹은 그릇들과 수저, 포크, 어린이집에서 점심으로 먹었던 식판 등으로 가득하다. 우선 기름기가 없는 그릇들은 친환경 수세미를 이용해 세제 없이 따뜻한 물로 씻어낸다. 기름기가 묻은 그릇들은 쌀뜨물로 대강 씻어낸 후, 따로 준비해놓은 망사 수세미를 이용해 세제를 묻혀 닦는다. 씻은 그릇들은 식기 건조기에 넣어 타이머를 맞춰 놓고 식탁과 싱크대 주위를 행주로 닦는다. 금세 소매 끝과 옷 앞자락이 사방으로 흩어진 물에 젖어 축축하다. 친정 엄마의 습관처럼 좌우로 목을 돌리고 허리를 두세 번 두드리며 설거지를 끝마친다.

오늘은 내 딸이 설거지를 하는 중이다. 잠깐 자리를 비운 사이 수세미 한 개가 고사리손에 쥐어져 있다. 밥그릇 한 개를 집어 요리조리 돌려가며 닦는다. 그릇을 뒤집어 바닥까지 수세미로 훔치는 모양새가 제법 그럴싸하다. 앙다문 입술마저 꽤 진지하다. 무턱대고 수세미를 뺏으려 하자 젖은 손으로 자꾸 나를 밀친다. 이제는 수도꼭지를 틀어 그릇을 씻어내려 한다. 물은 주르르 흘러 바닥 이곳저곳을 적신다.

딸의 윗옷이 물에 젖어 몸에 착 감긴다. 울상을 짓는 엄마와 달리 방시레 웃으며 그릇을 매만지는 서툰 손놀림이 좀처럼 멈출 줄 모른다.

"윤아, 즐겁니? 어른이 되다 보면 설거지는 재미가 없단다. 그냥 해야 하는 일이지."

딸은 내 말을 아는지 모르는지 설거지하기에 여념이 없다.

그레이 씨의 특별한 하루

눈을 뜬다. 어제를 뒤로 하고 감았던 눈을 다시 뜬다. 나는 명료하게 살아있다.

그해 봄 서동 미로시장에 들러 캐슈너트 한 봉지를 샀다. 그가 꽤 좋아하는, 잘게 쪼갠 캐슈너트를 손에 쥐고 나지막이 그레이 씨를 불렀다. 그는 익숙한 목소리에 은신처 밖으로 모습을 드러냈다. '아얏' 순간 나의 검지에 통증이 일었다. 손을 먹이로 오인한 탓이었다. 나는 거세게 손을 뿌리쳤다. 육십 그램이 채 되지 않은 그의 몸은 리빙박스를 벗어나 깊은 바닥으로 곤두박질쳤다. '아아아…' 미세한 외마디 비명과 함께 그대로 페이드아웃 하는 듯했다.

그레이 씨는 눈이 감겨 있다. 미동도 없다. 더군다나 그의 머리 주변에 빨간 점 하나가 설핏 보였다. 오! 서늘한 저녁이여, 예기치 않은 불확실한 기운. 십여 분 가까이 그 불안과 공포 앞에서 쿵쿵쿵 나의 심장이 빠르게 움직였다. 얼굴이 벌게지고 연신 입술을 깨물며 두 손만 만지작거렸다. 주춤하는 나를 대신해 대담한 딸아이가 비닐장갑을 끼고 그레이 씨에게 다가갔다. 순간 움찔하더니 부리나케 책상 밑으로 몸을 숨겼다. 사십여 분 동안 그의 자유로운 행보에 나는 비로소 이성을 되찾았다.

그해 겨울 그레이 씨는 변해갔다. 같은 시간, 같은 공간 속에 너무나 다른 존재들이 공존하고 있다. 그는 유독 빠르게 진화했다. 자연스러운 현상이라지만 한결 옅어진 검은색 줄무늬가 실로 안타까웠다. 생기가 돌던 눈은 피로한 기색이 역력하고 부쩍 얼굴이 핼쑥해졌다. 난데없이 소변을 여기저기 아무 데나 싸놓기 일쑤였고, 즐겨하던 모래 목욕을 한 흔적이 전혀 없었다. 그가 가장 좋아하는 밀웜조차 곧잘 남겨뒀다. 타닥타닥 쳇바퀴를 굴리며 새벽을 활보하던 몸놀림도 어느 틈에 사라졌다. 휴지 심지를 갉아대는 소리만 간간이 들릴 뿐. 그는 분명 분별력을 잃었다.

때로 익숙함이 무관심으로 전환하는 오류를 범한다. 나는 핀잔만 주는 악인이 되어 갔다. 나이가 들어 발현하는 잘못된 행동들의 양상이라 치부하며 그의 잔잔한 실수를 인정하지 않았다. 그와 제대로 소통할 수 있는 방법은 식사와 잠자리뿐만 아니라 그의 상이한 모습을 주의 깊게 관찰하고 대처하는 일이었다. 잔인하게도 정보 부족과 지식의 결핍이 만든 뒤늦은 후회 중의 하나였다.

그날은 아이들의 중학교 예비소집일이었다. 낯선 환경의 길로 접어든 녀석들은 한껏 상기되어 목소리를 높였다. 시린 겨울이 무색하게 햇볕이 내리쬐는 한낮, 거실은 지극히 평온했다. 그레이 씨가 몸을 웅크리고 있다. 평소 즐겨 타는 쳇바퀴에 올라 이리 꿀잠을 즐기는구나 싶었다. 특이한 잠버릇이 하나 더 생겼다고 우리는 살짝 웃었다. 막연한 그의 여유가 어쩐지 가볍고도 무거웠다.

평범한 일상 속에서 딸아이는 고집스럽고 엉뚱한 행동으로 그레이 씨와 마주한다. 은신처나 쳇바퀴를 들추면 화들짝 놀라 쪼르르 줄행랑치는 모습이 우스워 종종 장난을 친다. 그의 당혹스러운 행동은 심기가 불편하다는 무언의 신호다. 무료한 나날에 잔잔한 파문이 인다. 예사롭지 않은 고요함은 상당히 위험하다. 나는 또 다른 불안과 위험한 의심을 품는다. 일부러 딸아이에게 쳇바퀴를 들춰보도록 권했다. 아이는 망설임 없이 쳇바퀴를 들어 올렸다. 그의 육체는 pause 상태였다. 이번에는 옆으로 살짝 기울였다. 그의 굳은 몸이 웅크린 자세 그대로 바닥에 툭 떨어졌다. 그의 배가 석연치 않게 잔뜩 부풀어 있었다. 언뜻 보아서도 허기를 채운 배가 아니었다. 그의 까만 두 눈은 망연자실 허공을 헤맸다. 그는 끊어질 듯 이어지며 호흡이 불규칙해지다 멈췄다.

환한 빛 너머 유난히 짙은 그림자가 드리워졌다. 의지만 있다면 불운의 날은 좋은 날로 충분히 바뀔 수 있다. 모두 진심으로 그러길 바랐다. 금방이라도 벌떡 일어나 분주하게 탐색전을 펼친 거라 여겼다. 추락의 위험도 극복한 용감무쌍한 사내 아닌가. 드라이기를 꺼내 살랑살랑 따스한 바람을 쐬게 해줬다. 그가 몸을 뒤척여 거칠게 숨을 몰아쉬었다. 또다시 오랜 적막이 무겁게 흘렀다. 나는 마지막으로 입 안에 설탕물을 한 방울 떨어뜨렸다. 설탕물은 그대로 바닥에 주르르 흘러내렸다.

보통 햄스터들은 은신처에서 잠을 자듯 해씨별로 떠난다. 자칫 그들의 죽음을 훨씬 뒤늦게 알아차리는 실수를 범한다. 그레이 씨는 아픔을 감내했다. 짧은 인연일지언정 마지막까지 함께하고픈 속 깊은 마음을 헤아린다. 이별을 앞둔 시점에서 고통을 마주하는 건 실로 애달프다. 그의 힘겨운 저항이 죽음에 다다라서야 멈췄다. 생명이 사그라지는 순간, 나는 일시적인 안도감 같은 것을 느꼈다. 나의 지난 행동들은 지극히 인간적이었나, 어떤 의무감에서 비롯된 도덕적 일을 수행했는지도 모른다.

그는 유독 겁이 많고 조심스러웠다. 여러 번 맛난 간식을 손바닥 위에 올려놓고 비스듬히 세워 그에게 바짝 갖다 댔다. 그는 간식을 거부할망정 번번이 안간힘을 써가며 발을 바닥에서 떼지 않았다. 그의 안위를 위한다는 명목으로 쉽게 핸들링을 포기했다. 이윽고 그를 어루만질 수 있는 시간은… 충분하다…. 고대 중국의 우 임금은 "삶은 세상에 잠시 몸을 맡기는 것이요, 죽음은 온 곳으로 다시 돌아가는 것이다."라고 말한다. 나는 머뭇거렸다. 그저 베란다 쪽으로 아득한 눈길을 보냈다. 빈 숲에 메마른 나뭇가지들이 허허롭다.

함께한 시간이 많을수록 기억은 오래 새겨져 있다. 그가 머물렀던 자리는 더없이 깨끗했다. 새로 깔아준 도톰한 톱

밥 베딩, 새하얗게 반짝이는 목욕용 모래, 향내가 나는 항균 소변 통, 그가 가장 좋아하는 밀웜 그대로 쾌적한 공간이 추억을 감쌌다. 마음의 뜰을 찾아 그의 사진들을 뒤적였다. 잠든 모습이 이리도 설렐까. 멍석잠을 자는 것처럼 거침없고 새초롬한 아기처럼 평화롭기 이를 데 없다. 편안히 눈을 감은 그레이 씨의 얼굴에 아스라이 옅은 미소가 감돈다.

소녀를 만나다

 우연이었을까. 그날 나는 배 터지게 하품을 하며 마루를 뒹굴었다. 엄마는 애써 나를 손짓해 심부름을 시켰다. 폭포수 같은 햇살을 받으며 건넛마을 감나무 집 할머니를 만나는 수고가 주어졌다. 터덜터덜 발걸음은 더뎠다. 서두를 만한 이유가 전혀 없었다.
 탱자나무가 길게 이어진 울타리를 지난다. 붙들리듯 발길을 멈췄다. 내 키만 한 나무는 위협적인 가시와 달리 화사한 꽃과 향긋한 열매, 오밀조밀한 잎들로 가득 차 호감을 더한다.
 여느 때처럼 나만의 성스러운 의식으로 운세를 점친다.

반질거리는 탱자나무 잎 하나를 따 머리 위로 잎을 넘긴다. 앞면이냐 뒷면이냐, 선택의 영역에 섰다. 앞면이다. 곧바로 기분이 좋아 헤벌쭉 웃었다.

감나무 집 할머니네 대문을 밀쳤다. 한 여자아이가 얼비쳤다. 뽀얀 피부에 양 갈래로 땋은 머리가 꽃무늬 원피스와 잘 어울렸다. 생글거리는 웃음마저 세련되고 예뻤다. 시골 조무래기들과는 사뭇 달랐다. 그 아이는 나만큼이나 무료한 듯 우스꽝스럽게 강아지의 머리를 쓰다듬다 마당 한가득 그림을 그렸다.

"얘, 너 몇 살이야? 이름은 뭐니? 심심한데 나랑 놀지 않을래?"

불쑥 찾아온 어린 손님이 꽤 반가운 눈치다. 햇살을 닮은 아이가 덧니를 드러내며 참새처럼 재잘댔다. 같은 또래였다. 그 아이는 나운 아파트에 산다고 했다. 도심 속의 아파트라, 말로만 들어도 가슴이 벅차올랐다.

시골아이는 도시아이와 함께 술래잡기와 소꿉장난을 마음껏 즐겼다. 서툰 공기놀이에도 짜증 내거나 화를 내는 기색이 없었다. 마냥 깔깔거렸다. 두 손을 꼭 잡고 골목을 내달렸다. 시골에 머무는 내내 둘은 곧잘 어울렸다.

"너, 우리 집에 놀러 올래?"

허투루 내뱉는 말은 아니었다. 나는 함박웃음을 지으며 고개를 연신 끄덕였다. 시골아이는 신작로에 뽀얀 먼지를 흠뻑 뒤집은 버스를 타고 도시로 향했다.

"아저씨, 저 나운 아파트에 내려 주세요. 꼭요!"

나는 깜박 잠이라도 들면 어쩌나 싶어 연거푸 기사 아저씨만 뚫어져라 쳐다봤다.

또다시 소녀, 소녀를 만난다.

삶의 여정, 그곳에는 책이 있다

 정적에 휩싸인 깊은 밤, 한낮의 피로를 내려놓는다. 물결치듯 적막이 흐르고 감성 짙은 음악이 자리한다. 우연을 가장한 순간에 나는 감수성을 품은 채 홀로 여행을 떠난다. 안개 속을 내딛듯 천천히 당신에게 다가간다.
 묻어두고픈 과거의 시간들을 반추하는 순간, 비밀의 정원을 걷는다. 한평생 농사꾼으로 사신 부모님은 더할 나위 없이 궁핍했다. 파란 대문은 낡아 삐걱대고 과일나무 한 그루 없는 집 마당은 형편없이 비좁았다. 빈곤은 갖가지 말과 행동으로 당신의 권력을 행사하셨던 아버지와 늘 기죽어 사는 엄마의 모습을 동반했다.

반면 앞집 이장님 댁은 별천지였다. 위풍당당한 기와집에 감나무, 살구나무, 앵두나무, 보리수, 딸기가 나고 자랐다. 창호지 문 사이로 안방 한편에는 농민신문과 간간이 어린이 새농민이 켜켜이 쌓여 있었다. 건넌방에는 그림동화, 이솝 우화, 안데르센 동화책들이 수두룩했다. 나는 고작 한 살 어린 새침데기 순주에게 책을 빌려 달라는 말을 꺼낼 엄두가 나지 않았다. 어쩌다 여동생은 그 집 앞마당에서 종일 순주와 팔방 놀이, 자치기, 비석치기, 공기놀이, 고무줄놀이 등 여러 가지 놀이를 섭렵했다. 놀이에 젬병인 나는 툇마루에 걸터앉아 허겁지겁 책 동냥을 하였다. 서로 투덕거리다 팽 토라질 때면 토막 난 이야기가 될까 두려워 둘을 어르고 달래느라 애를 먹었다. 괜스레 동생이 짠하면서도 더없이 촘촘하게 미안했다.

불우한 어린 시절은 딱히 달라지지 않았다. 나는 점방에서 파는 과자나 사탕을 왕창 먹고픈 철부지 꼬맹이였다. 다섯 남매에게는 턱도 없는 일이었다. 모아놓은 병을 몇 개 팔아야 겨우 과자 한 봉지뿐. 그 와중에 큰언니는 내가 책을 한 권씩 읽을 때마다 오십 원을 주겠다고 약속했다. 오롯이 돈을 얻기 위해 부득불 책을 읽었다. 얄팍한 속임수를 쓰는 비굴한 아이는 아니었다. 낡고 헤져 제목도 알 수 없는 책마저 꾸역꾸역 읽어내자, 언니는 머리를 쓰다듬으며 여지없이 돈을 쥐여 주었다. 그랬다. 큰언니의 폭넓은 아량 덕분에 책들이 단박에 좋아졌다.

부모님은 가끔 첫째 큰아버지 댁에 심부름을 보냈다. 집성촌을 이루고 살았던 촌락에서 유일하게 첫째 큰아버지 댁은 지성을 갖춘 큰엄마 덕에 책들이 꽤 많았다. 영민한 사촌오빠들 방에 삽화가 섞인 책들이 눈에 띄었다.『빨간 머리 앤』『허클베리 핀의 모험』『톰 소여의 모험』은 실로 흥미롭고 놀라웠다. 군데군데 권수가 빠진 만화책들을 낄낄대며 읽고, 반으로 쪼갠 마루 밑에 널브러진 만화책도 주워 읽었다. 남정네들의 방을 불시에 침입하는 사촌 여동생의 당돌함에 민망함은 오히려 사촌오빠들 몫이었다. 결국 나를 대신해 친오빠가 수고를 덜어주었다. 그것마저 일시적인 재채기처럼 아주 잠깐. 얄밉긴 했어도 살짝 고맙긴 했다.

나는 뭐든 의식했다. 쉽사리 인기척에 놀라고, 예민한 감각이 특별하리만치 충분히 주어졌다. 결핍은 나의 혼곤한 잠을 쫓았다. 책을 마저 읽게 하고 뒷이야기를 상상하는 재능을 발휘했다. 내 발길은 저절로 둘째 언니 친구인 정희 언니 집에 가 있었다. 세계문학전집이 책장을 빽빽이 가득 메워 위압적인 면모까지 드러냈다. "저기 있잖아요, 언니 무슨 책이 재미있어요?" 지적 호기심에 불을 지피던 중학생인 나는 수줍게 물었다. "글쎄, 『바람과 함께 사라지다』가 재미있다고 하던데." 정희 언니는 망설임 없이 책을 건네주었다. 나는 글 밥 가득한 묵직한 무게의 책을 만인의 연인이라도 만난 듯 품에 꼭 안았다. 한동안 둘째 언니를 따라 정희 언니네 집을 드나들며 『좁은 문』 『부활』 등 문학세계를 거침없이 탐색했다.

흔들리는 시선을 부여잡는 여고 시절, 삼삼오오 만화방에 몰려다니며 순정만화 속 주인공에 흠뻑 빠져들었다. 당시 여학생의 애장 도서였던 인기 많은 할리퀸 로맨스 소설 한 권을 가까스로 빌렸다. 늦은 밤, 이불을 머리 위까지 뒤집어 쓰고 숨죽인 채 식구들이 잠들기를 줄곧 바랐다. 오늘 아니면 기회는 사라진다. 음란물이라도 남몰래 훔쳐볼 기회를 포착하듯 하염없이 기다렸다. 이때다. 이런! 통렬하게 짜릿함은 없었다. 공허하다 못해 서늘한 새벽, 후다닥 희열을 삼켰다.

책을 완전히 등한시하지는 않았다. 대학 시절 서점에서

친구를 기다리며 한 시간가량 책을 읽고, 헌책방을 돌아다니며 선호하는 작가의 책을 고르는 열정도 있었다. 서른을 넘은 -미혼이 갖고 있는- 불편하지 않은 설렘이 좋았다. 어쩌면 허울 좋은 핑계였는지도 모른다. 익숙함이 갖는 지지부진함도 싫었다. "어여 시집 가." 면박을 주는 아버지의 잔소리에 "싫어요."라고 거침없이 내던질 수 있는 탁월함이 있었다. 먼저 출가한 여동생의 빈자리가 차가운 발끝에 전해질 무렵 "예스."의 타당한 논리가 자리했다.

  2005년 봄, 도시 생활에 대한 막연한 동경 그 바람대로 인연을 만났다. 타지의 낯선 공기에 좌절하지 않으리라. 무료함은 뭔가. 몰입에 대한 갈망과 늘 '뜻이 있다, 느낌 있다.' 그런 시간을 즐기고 싶었다. 이유 있는 발걸음에 동네 산책이 호기롭다. 꽤 가까운 거리, 그곳에는 내 안의 쉼터와 같은 도서관이 있었다.

  책과 함께하는 말벗을 갖고 싶었다. 나는 망설임 없이 '독서토론회'에 문을 두드렸다. 당당함과 패기, 오기가 어디서 나왔는지 버벅거리며 나를 소개할 때도 두렵지 않았다. 한 주간의 영화 관람과 독서토론으로 문학의 영역을 폭 넓혔다. '독서토론회'는 성벽을 공고히 하는 기반이 되었다. 진솔하다 못해 진지한 그들과 어울리며 서서히 고향의 그리움을 잠재웠다.

  적당히, 조금 더 서성이며 시간은 공교히 흘렀다. 어렵게 두 아이를 만나 무릎에 앉혀 우스꽝스러운 몸짓을 더해『누렁이와 도토리』동화책을 읽어주던 아주 먼 지난날, 어딘가 나를 닮아가는 열네 살 아이의 청소년 추천 도서『모리와 함께한 화요일』을 보고 피식 웃음이 난다. 가슴 한편에 자리했던 한 권의 토론 도서를 다시 만나니 실로 오랜만에 가슴이 팔딱거린다.

  성급하지 않게 책장을 넘기는 소리… 밤하늘에 나의 자화상을 그린다.

2부
―
어렴풋이

밥을 차리다

밥을 차린다. 부엌에서 안방으로 가져가는 밥상은 매번 쓰러질 듯 위태위태하다. 밥상을 '쿵' 내려놓다 수저가 바닥으로 떨어진다. '어험' 아버지의 헛기침이다. 이따금 그릇을 부딪치거나 엎지르기라도 하면 "어허, 조심성이 없이." 하며 목소리가 높아진다. 밥을 먹기도 전 질서와 위엄에 가슴 졸인다.

아버지를 위한 상차림은 남다른 데가 있다. 삼층밥을 올리면 별 타박 없이 설익은 밥과 까맣게 탄 밥을 섞어 물에 만다. 쫀득한 찰밥도 주전자에서 따라 나온 보리와 율무가 둥둥 떠다니는 물과 함께한다. 여태껏 아버지가 어떤 밥을 좋아했는지 전혀 알 리가 없다. 맛깔난 반찬도 필요치 않다. 그저 자박자박 끓인 강된장이 반찬 중간에 놓여 있으면 그만이다. 국은 아무리 맛나도 그릇에 담긴 양만으로 충분한 듯 단칼에 마다한다.

아버지가 밥그릇을 비운다. 밥 한 톨 남지 않은 그릇이 투명하리만치 깨끗하다. 나는 멀거니 빈 그릇을 보다 그네들을 떠올린다. 움푹 들어간 아버지의 커다란 눈망울과 긴 속눈썹에서 그를 다시 만난다.

몇 해 전 마당 한편에 바깥채와 창고, 외양간을 새로 지었다. 아버지는 두 마리의 소가 들어갈 만한 자리를 꼼꼼히 살피며 유독 외양간에 관심을 가졌다. 송아지 한 마리가 외양간에 들어선 날, 자식을 새로 품에 안은 듯 기꺼워했다. 똑같은 가축이라도 서너 마리의 개는 안중에도 없었다. 도리어 토방에 싸놓은 똥이라도 보이면 너저분하다며 당장 팔아 버리라고 으름장을 놓았다. 그에 반해 아버지의 몸에서는 늘 분변 냄새가 진동했고, 옷가지에 묻은 왕겨가 거실이며 방 안을 어지럽혔다. 이에 질세라 엄마의 잔소리가 졸래졸래 따라다녔다. 냄새가 심하다고 한마디 거들자 마지못해 옷가지를 벗어 현관 한구석에 놓아둘 정도였다.

소에 대한 아버지의 사랑은 남달랐다. 외할머니 제사로 부모님이 대전의 큰외삼촌 댁에 가셨을 때였다. 저녁 무렵 아버지에게 전화가 걸려왔다. 다짜고짜 "밥은?" 하고 묻는다. 다 큰 딸자식 밥걱정으로 전화를 했나 싶었다. 아직 먹지 않았다고 사뭇 정겨운 목소리로 답했다. "누가 너 말했냐. 소 말여. 시간 맞춰 밥 챙겨주라고." 그랬다. 아버지는 먼 여행이라도 떠나듯 나를 외양간으로 데려가 세심하게 몸을 움직였던 게다.

아침나절 아버지가 소밥을 챙긴다. 깨끗한 양동이에 찰방찰방 물이 넘칠 만하면 수도꼭지를 잠근다. 외양간으로 향하는 아버지의 노련한 몸놀림에 물은 흘러내릴 엄두조차 내지 못한다. 먼저 어미 소의 여물통에 물을 붓고, 훌쩍 자라 어미 소와 엇비슷해진 송아지에게 마저 물을 붓는다. 부족하지 않게 꾹 눌러 담은 사료통 뚜껑을 열어 어미 소에게 사료 두 바가지를 주고, 송아지에게는 두 바가지가 조금 안 되게 준 뒤 물과 고루 섞이게 한다. 한 시간여쯤 여물통이 다 비었으면 볏짚을 한 다발 평평하게 펴서 머리를 들이민 쪽으로 밀어넣어 준다. 전화선에서 다시 아버지의 상차림이 이어진다. 그깟 소가 뭐 대수라고, 밥만 챙겨주면 되는 게 아닌가 싶어 건성으로 답하고 전화를 끊는다.

과자를 먹은 입이 꺼끌꺼끌하다. 배가 고픈 것도 잊고 연신 TV만 본다. '음머어' 배고픈 소가 아버지를 목청껏 부른다. 아차, 아버지가 신신당부하며 소밥을 챙기라고 말한 것이 떠오른다. 나는 부랴부랴 양동이를 가져가 수도꼭지를 홱 비튼다. 물도 급했는지 콸콸 넘쳐흐른다. 양동이를 이 손 저 손 옮기며 비틀비틀 몸이 기우뚱하더니 바지가 금세 물에 젖는다.

코를 막고 외양간에 들어간다. 소가 싸놓은 분변들과 외양간에 딸린 푸세식 화장실에서 시큼하게 올라오는 악취가 더해져 오래 있기가 힘겹다. 어미 소에게 물을 붓다 보니 송아지는 물이 부족한 듯싶다. 아버지가 시킨 대로 사료 두 바가지를 담아 어미 소에게 붓는다. 어미 소가 다급했는지 혓바닥으로 내 손등을 핥는다. 움찔 놀라 송아지는 바가지를 던지듯 사료를 쏟아붓는다. 대충 두서 번 휘젓고 쏜살같이 빠져나온다. 늦은 저녁밥이었으니 배가 고파 여물통을 깨끗이 비웠을 거라고, 내 일은 충분히 끝마쳤다고 안심한다.

새벽녘 난데없이 개가 마구 짖어댔다. 설핏 잠이 깬 내가 이불을 잡아 끌어당겼다. 울타리가 없는 마당 한가운데에서

두런두런 어서 가보라며 인사를 나누는 소리가 들렸다. 현관문을 열고 엄마가 구시렁대며 방 안으로 들어왔다. 한참 지나 거실의 불은 뭐 하러 켜놓았느냐는 아버지 목소리가 들려왔다. 동이 트지 않은 시각, 큰외삼촌 댁에서 돌아온 아버지는 깜깜한 벽을 더듬으며 외양간으로 먼저 달려갔던 것이다. 굳이 이 새벽에 집에 오느냐, 당신 고집 때문에 여러 사람이 고생이라며 티격태격 다투느라 부모님은 쉬이 잠들지 못하셨다. 세끼 밥 챙기는 것이 못 미더워 막내외삼촌더러 집에 가자고 다그쳤을 게 분명했다.

밖에서 술이 거나하게 취한 아버지가 집으로 오던 날이었다. 한참이 지나도 현관문을 여는 인기척이 없다. 엄마가 외양간에 한번 가보란다. 그곳에 쓰러져 잠든 게 아닌가, 내심 걱정이 되는 눈치다. 나는 차오른 달을 안내 삼아 마당을 지나 미적미적 외양간으로 향한다. 아버지가 나지막이 누군가에게 말을 건네고 있다. 분명히 술주정이리라. 나는 미간을 잔뜩 찌푸리며 아버지에게 다가가 왜 여기에 있느냐고, 어서 방으로 들어가자고 재촉했다. 소들이 대번에 아버지의 발소리를 알아차렸단다.

"고것들, 니들은 내 맘 알거여. 니들이 우리 식구 먹여 살릴 밥줄이여." 아버지는 쇠잔등을 쓰다듬으며 살가운 정을 담아 이야기를 쏟아내고 있었다. 소들도 아버지의 마음을 아는지 혀를 쭉 내밀며 아버지 손을 연거푸 핥았다. 나는 그 자리에 선 채 물기 어린 눈만 끔벅거렸다. 몇 년이 흘러 소 값 파동과 사료값 인상으로 별수 없이 소를 떠나보내야 했다. 아버지는 빈 외양간을 둘러보는 것만으로 적적함을 달래는 날이 더욱 많아졌다.

그 후 아버지의 밥상 곁에는 늘 주전자가 놓여 있다. 아버지는 주전자에 담긴 물을 넘치지 않을 만큼 밥그릇에 부었다. 생각해보니 아버지는 늘 밥을 차렸었다. 소를 위해, 더불어 식구들을 위해, 최선을 다해 정성껏 밥을 차려주셨다.

우산

-아이-

느닷없이 장대비가 학교 운동장을 덮쳤다. 열 살배기 조무래기들은 수업을 마치자마자 쪼르르 교실 밖으로 빠져나갔다. 물이 흥건한 복도 바닥이 아이들의 양발을 금세 간질였다.

교문 밖 우산부대가 일렬종대로 정갈하게 장관을 이룬다. 삼삼오오 모인 당신들은 하교 시간에 맞춰 아이들을 마냥 초조하게 기다린다. 몹쓸 비바람에 가려진 시야 사이로 우산들만 위태롭게 들썩거린다. 바지가 살갗에 달라붙고 신발 안에 물이 고여 질척해도 전혀 개의치 않는다.

아이들이 쏜살같이 운동장을 가로질러 뛰쳐나온다. 저마다 손을 포개 머리에 얹고 둘레둘레 엄마를 찾는다. 한 엄마가 밝게 차오른 목소리로 아이 이름을 쏟아낸다. 헤벌쭉 아이가 품 안에서 웃는다. 엄마도 덩달아 담뿍 미소를 띤다. 하나둘 우산 행렬이 떠밀리듯 연거푸 자리를 옮긴다.

젖은 눈을 비벼도 엄마는 없었다. 엇비슷한 체구, 카랑카랑한 목소리의 인기척도 느끼기 어렵다. '그깟 우산이 뭐 대수라고.' 집에서 학교까지의 거리는 2km 남짓 털레털레 걷는다. 나를 눈여겨본 순둥이 동네 친구는 기꺼이 한쪽 어깨를 순순히 내밀었다. 집으로 가는 내내 엄마와 맞닥뜨리면 어떤 앙탈을 부려볼까 상상을 하는 것은 퍽 따분하고 유치했다. 여느 때처럼 집으로 가는 길은 변함없었다. 오히려 빗길에 긴 푸념을 보태 훨씬 더뎠다.

익숙한 집에 당도했다. 엄마는 태연하게 방에 앉아 양말을 깁고 있었다. 그저 물먹은 수건을 건넬 뿐이다. 반색하듯 몸을 일으켜 뽀송뽀송한 수건으로 젖은 몸을 닦고 옷을 갈아입힐 줄 알았다. 그건 착각이고 오산이었다. 차라리 궁색한 변명이라도 쏟아붓길 바랐다. 감기몸살로 몸이 으슬으슬했지만, 강단 있는 모습을 보이려고 애썼을지도 모른다. 덜

컥 집안에 일이 생겨 도저히 가지 못할 형편이었을 수도 있다. 난감해하는 기색을 보였다면 상심이라도 덜했겠지.

엄마는 의연하게 대처했다. 무슨 유난을 떠느냐며 말을 잘랐다. 친구 우산을 받고 어떻게든 비를 피해 온 내 대처법을 두둔하는 꼴이었다. 그게 엄마의 교육 방식이었다. 준비를 철저히 하고 상황에 맞게 위기를 모면하는 방법을 스스로 터득하게 했다. 방임과 방목을 가장한 자유로움은 열 살 아이에게는 턱없이 뻔뻔하고 힘든 난제였다.

–엄마–
난데없이 장대비가 쏟아진다. 쉬이 멈출 기색이 없다. 이를 어쩐다, 논밭에도 지금 당장에도 썩 달갑지 않은 비다. 아마도 아이들이 우산을 챙겨가지 않았으리라. 근심이 앞선다. 강한 빗줄기에 옷차림을 가지고 유난을 떨고 싶지 않았다. 밭농사에 논농사를 거드느라 소맷부리가 헤진 나일론 티셔츠와 무릎이 삐죽 나온 몸뻬바지만 즐비하다. 버스도 몇 대 다니지 않는 신작로를 견뎌낼 만한 신발조차 마땅치 않다. 임시방편으로 비옷을 뒤집어썼다. 겨우겨우 계절에 어울리지 않은 바지를 찾아 꺼내 입었다.

투정이 많고 잔병치레가 잦은 셋째 딸이 제일 눈에 밟혔다. 추레한 옷차림으로 딸을 맞이하는 것이 달갑지 않다. 반가워해야 할 아이는 오히려 원망 섞인 목소리로 꾀죄죄한 우산마저 내팽개친 채 내달릴 게 분명했다. 억지스러운 미소를 지으며 딸을 반기는 것도 민망하기만 하다. 살가운 면이 없는 모녀지간에 꽤 오랜 시간 집을 향해 걷는 것도 여간 곤혹스러운 게 아니다.

아이들 하고 시간은 저마다 달랐다. 족히 우산 두 개는 단단히 손에 쥐어야 한다. 행여 감기라도 걸리면 어쩌나 싶어, 이제 서둘러야 한다. 마루 밑에 나뒹구는 우산들은 제법 먼지가 쌓여 있었다. 탈 많고 말 많은 다섯 남매의 손에서 손으로 거쳐 간 우산들은 살이 부러지고 찢긴 데다 잔뜩 녹이 슬었다. 적어도 이것 하나만은 제법 쓸 만한 우산이라고 여겼다. 탈탈 털어 가까스로 우산을 펼치다 그만 푹 고꾸라지는 모양새가 영락없이 힘겨운 노인네다.

어느 틈에 사라진 걸까, 희한하게 작달비를 견딜 만한 우산은 아무리 찾아도 보이지 않았다. 넉넉지 않은 형편의 마을 사람들도 여유를 부릴 만큼 우산이 없기는 매한가지였다. 능청스럽게 동네 아주머니더러 아이를 부탁하는 것도 난감한 일이었다.

과감한 결단이 필요했다. 전 여사는 초지일관 냉정한 몸짓으로 일관했다. 무뚝뚝함이 밴 행동은 딸에게 비교적 작은 실망을, 빠른 포기를 가져왔다. 툭툭 내뱉는 말투가 단호하다 못해 차가웠다고 느꼈지만, 별수 없었다. '그깟 우산이 뭐 대수라고.' 적어도 변명은 가난을 더 증오스럽게 만들 뿐 허용되지 않는다. 뻐근한 허리와 시린 무릎을 연거푸 두드렸다. 오늘은 무엇보다 가슴이 더 쓰라렸다.

곤궁한 삶에 갑작스러운 비가 참으로 원망스러운 날이었다.

보물찾기

 얼추 십 년 전쯤이었나. 공원은 나들이 나온 가족들로 들썩였다. 꼬맹이들은 뜀 동산에 올라 파란 하늘을 향해 폴짝폴짝 뛰어올랐다. 왁자한 공기 속에 '엄마'를 연달아 부르며 손을 흔들고 함박웃음을 지었다. 내키지 않았다. 조바심을 내며 마지못해 붙들리듯 나온 나는, 아이들을 향해 서너 번 억지 미소로 답했다.
 아이들이 한창 뛰논다. 갑작스레 곁에 있던 남편이 내 어깨를 툭 두드렸다. 홍조를 띤 얼굴로 움켜쥔 주먹을 천천히 펼쳤다. 반지였다. 바닥에 떨어져 있더란다. 묵직한 게 제법 값이 나갈 만한 금반지였다. 금 시세가 급등하고 있다는 뉴스를 접한 게 엊그제다. 팍팍한 일상 속에서 일확천금이라도 얻은 듯 혼곤한 의식은 제 갈 길을 벗어나 블랙홀처럼 깊은 수렁에 빠져들었다.

요리조리 살펴보니 링 안쪽에 이니셜이 새겨져 있다. 문득 데미안의 책 속에 등장한 카인의 표적을 떠올렸다. 나는 두려움에 떨었을지도, 떨지도 모른다. 아마 십여 분이 흘렀을 거다. 한 여인이 황급히 우리 쪽으로 다가오더니 땅바닥을 이리저리 훑어보고 있다. 가장 선량한 자의 모습으로 반지를 내밀었다. 여자는 금세 화색을 띠며 고맙다는 한마디에 고개만 까딱거리고는 홀연히 사라졌다. 아! 내 안에 은밀하게 파고드는 아브락사스는 분명 존재했다.

깊숙이 묻어둔 보석함을 연다. 이십오 년 가까운 세월 동안 가까스로 공들여 품었던 소소한 애장품들. '처음'이란 추억 속에 빛을 발하던 보물들이 고스란히 담겨 있다. 나의 퀭한 몰골에 걸친 장신구들이 속절없이 찰랑거리며 반짝인다. 난파선의 보물을 찾아낸 듯 미쁘다. 떠오르는 아름다운 감정은 영원하리라.

나는 마른 몸에 비해 유난히 손가락 마디가 굵고 두툼하다. 대학 졸업 반지를 맞출 무렵, 굵은 손가락이 부끄러워

한 치수를 내려 주문했다. 여학생들이 서로 반지를 껴보며 디자인이 이렇다, 저렇다 평가를 할 때도 숨은 반지를 찾느라 여념이 없었다. 오지랖 넓은 친구가 "야, 여기 있다. 찾았어!" 심마니처럼 소리 높여 외쳤다.

하필 덩치가 우람한 남학생들의 반지 꾸러미에 있을 건 또 뭐람. 움츠러든다. 구석진 자리로 가 슬며시 왼손 약지에 반지를 밀어 넣었다. 반지는 수치심을 더해 미끄러지듯 손가락을 쭉 내려가다 중간쯤에서 오도 가도 못한 채 쩔쩔맸다. 살이 쭉쭉 빠진들 야속하게도 손가락 마디는 더더욱 굵어져 갔다. 반지는 그날 이후 나의 손가락으로부터 조기졸업을 했다.

첫 직장에서 소띠 동갑 여덟 명이 처음으로 계를 만들었다. 곗돈을 타던 날, 멋 부림에 서툰 내게 친구들이 다짜고짜 액세서리 가게로 이끌었다. 산뜻한 가게 점원은 인기 있는 목걸이와 팔찌 여러 개를 선보였다. 선택의 고통은 가혹하다. 효용 가치 운운하며 금이 나을 거라는 다수의 바람직한 조언에 격하게 동요되었다.

의지와는 상관없이 나도 사치라는 것에 발을 디뎠다. 최영 장군은 황금 보기를 돌같이 하라고 했던가. 팔찌를 찬 팔목에 바짝 힘이 들어갔다. 절로 눈이 가고 괜스레 상관없는 시선에도 신경을 썼다. 이따금 찰랑거리는 팔에 난 털이 따끔거려도 꿋꿋이 견뎌야 했다. 멋은 끊임없는 인내의 결실이다.

대범한 둘째 언니가 퇴근해 곧장 안방으로 들어왔다. 무모한 도발인가, 예상치 못한 실수인가. 언니는 커다란 링을 달랑거리며 머리카락을 귀 뒤로 넘겼다. 아버지는 '신체발부수지부모'라는 명목으로 난데없이 언니의 뺨을 후려쳤다. '챙' 하는 소리에 귀걸이는 아버지의 손을 맞고 저만치 바닥에 곤두박질쳤다. 언니의 한쪽 귀에서 피가 흘렀다. 고성이 오가고 부녀지간의 서로 다른 분노가 더 붉게 끓었다. 언니는 이에 굴하지 않고 아버지의 눈을 피해 다른 귀걸이를 걸쳤다. 오히려 관객이 마음을 졸였지만, 다행히 난폭한 광경이 더는 펼쳐지지 않았다.

내가 가장 원하는 것 역시 귀걸이였다. 형형색색의 무늬가 돋보이는 귀걸이를 달고 긴 머리를 찰랑거린 채 거리를 활보하고 싶었다. 누구의 규제나 제약도 없는 시간과 공간을 얻을 때쯤 나는 무작정 귀를 뚫으러 갔다. 귓불이 두꺼워 과연 가능할까, 걱정 반 기대 반으로 찾아간 그곳. 가게 직원은 처음이라 귀에 염증이 생길 수 있다며 내가 고른 귀걸이를 마다하고 금을 권했다. '딸깍' 방아쇠 소리와 함께 나의 귀에는 황금 날개를 펼친 나비가 한동안 나풀거렸다.

늦은 나이의 신혼 시절, 엄마가 정체불명의 금붙이를 슬쩍 디밀었다. 금 모으기 운동 때도 장롱 속에 꼭꼭 숨겼단다. 당신의 손목시계에서 떨어져 나간 조각은 충분히 변화를 시도할 만큼 적잖이 무거웠다. 급할 때 요긴하게 쓰란다. 갈증을 해소하듯 금붙이는 이른 시일 내에 영향력을 행사했다.

불가피한 운명의 몫. 유난히 황금빛 햇살이 머리 위를 기웃거린다. 불쾌할 필요가 없다. 쭈뼛쭈뼛 가지고 간 물건들을 들이밀었다. 마치 전당포에 패물을 맡기러 온 궁색한 아줌마처럼. 금은 시세와 상관없이 돈이 시급할 때 파는 것이 능사라는 금은방 주인의 말도 일리가 있었다. 발걸음이 조금은 산뜻하다. 가는 길에 아이들이 좋아하는 불고기피자 한 판을 샀다.

동화책을 읽어 주다 아이가 대뜸 황금이 무엇인지 묻는다. 무턱대고 마냥 좋은 거라 말해 놓고 단박에 후회를 한다. 옛이야기에 종종 등장하는 금은보화가 사실상 윤택한 삶을 영위할 수 있는 수단이 되고 있어 마음이 짠하다.

아이들이 보물찾기를 한다고 야단법석이다. 거실에서 뒹구는 주사위, 고무 왕 딱지, 직접 그린 캐릭터들을 집 안에 숨긴다며 요리조리 분주하게 움직인다. 진정 가치 있는 보물은 찾기 힘든 거라고, 물질적인 풍요를 우선으로 여기는 나의 그릇된 판단에 경종을 울린다.

'김'이라는 나의 성에 일곱 살 아이가 금색으로 반짝반짝 수를 놓는다. 한순간 금테를 두른 찬란히 빛나는 이름으로 변신했다. 최고의 보물이 다정하게 그리고 해맑게 웃는다. 지극히 황홀하리만치….

김치 맛의 미학

 김치에 눈길이 간다. 냉장고에 넣은 통들을 제대로 살펴보지 못한 탓이다. 이미 익을 대로 익어 역한 냄새가 금세 집 안을 가득 메운다. 탱글탱글한 무를 골라 살짝 한 입 베어 문다. 짜다 못해 쓰다. 통 안에 꽉 들어찬 총각김치를 책망하듯 입술도 눈꼬리도 씰그러져 있다. 문득 그리움이 질게 밴 두 가지의 김치 맛을 되뇐다.
 속절없는 여름 한낮, 매미 소리가 왁자하게 귀청을 채운다. 엄마는 논밭에서 한가득 흘린 비지땀을 찬물 몇 바가지에 씻어 내리고 추진 수건을 목에 두른다. 접이식 밥상을 마주하고 풀썩 엉덩이를 내려놓는다. 성긴 밥알의 식은 밥과 김치, 소채밭에서 따온 풋고추와 황석어 젓갈이 전부인 상은 풋풋하기 이를 데 없다.

엄마는 신 김치를 가까이한다. 좋아한다기보다 자주 먹는 편이 옳을 게다. 음식을 감질나게 먹는 것만큼 부러운 일이 또 있으랴. 여름나기가 별거 있나 싶게 유독 엄마의 소리가 참으로 늠름하다. 세 끼니 중 점심을 먹을 때가 제대로다. 해묵은 김치를 맛깔스럽게 먹는 모습 때문인지 그해 여름은 유난히 입맛이 돋았다.

묵은 김치는 관대한 엄마의 너른 마음 밭이다. 신 김치는 변화를 두려워하지 않는다. 돼지고기와 함께 숭덩숭덩 썬 김치로 찌개를 끓이면 금세 몇 끼니를 해결할 수 있고, 들기름을 넣고 잘게 썬 김치를 볶으면 아이들 반찬으로 제격이다. 특별한 찬이 없을 때는 김치볶음밥을 하거나, 입맛을 돋게 잔치국수에는 고명으로 얹고 비빔국수에 설탕을 첨가한 김치를 넣으면 알근달근한 맛을 느낄 수 있다.

갓 버무린 겉절이는 의지와 상관없이 싱싱함을 간절히 바라는 아버지와 자식들에게 쏠렸다. 오랜 시간이 지나 타분해진 김치가 주인을 잘 만나 천덕꾸러기를 면한다. 엄마는 젓가락은 옆에 제쳐 두고 투박한 맨손으로 먹기 알맞게 몇

김치 맛의 미학

가닥을 쫙쫙 줄기 결대로 찢는다. 한 손으로 김치 하나를 가져다 돌돌 말아 밥숟갈에 얹는다. 손에 묻은 김칫국물을 여지없이 입에 넣고 훔친다. 힘에 부친 농사일로 관절염을 앓는 굽은 손가락이, 때가 낀 듯 군데군데 흙이 파고든 손톱 안에 덩달아 김칫국물마저 스며든 손이 그악스럽다.

 입 안에서 오금오금 김치 쪼가리가 밥알과 한데 어울려 소용돌이친다. 일정한 리듬으로 쩝쩝 짭짭 입맛을 다시는 소리가 쫀득쫀득 찰지고 옹골차다. 담백하기 그지없는 무구한 소리를 들으며 나는 하마터면 탄성을 지를 뻔했다. 눈이 즐겁고 귀가 호사를 누린다. 곁에 있으면 절로 뚝딱 밥 한 그릇을 비우듯 배가 두둑해진다.

 뉘엿뉘엿 한여름의 해가 이운다. 작열하는 햇빛에 바짝 쪼그라든 가죽처럼 살집 한 번 들어찬 여력이 없었던 걸까. 도드라진 광대뼈에 구릿빛 피부가 유난히 아버지의 팔자 주름을 선명하게 드러냈다. 아버지는 덕지덕지 흙이 묻은 몸 그대로 현관에 들어서서 발판에 쓱쓱 두서 번 발을 비빈다. 피곤을 뒤로 한 채 뒤꿈치에 박인 거추장스러운 옹이를 떠안고 어기적어기적 주방으로 향한다. 아버지의 푸석한 손에 이끌리듯 어김없이 막걸리 한 병이 따라다녔다.

냉장고 문을 연다. 갖가지 김치와 나물, 마른반찬과 장아찌가 그득한 냉장고에서 꺼낸 안주는 별 게 아니었다. 망설임 없이 아버지는 오늘도 역시 열무물김치가 담긴 단출한 플라스틱 반찬통이다. 툭툭 자리를 털고 일어서기 쉽게 의자 귀퉁이에 앉는다. 아니, 엉거주춤 걸터앉는다.

열무물김치는 어떤 맛과 견줄 수 없을 만큼 아버지의 단골 안줏거리이다. 명절마다 혹은 잔칫집이나 새참에서 나온 푸짐한 음식들과 달리 김치 조각만이 아버지의 허우룩한 마음을 감싼다. 이따금 짭짤하게 조린 강된장에 무 이파리를 살짝 적셔 타협을 시도했던 아버지였다. 당신 홀로 막걸리를 마시는 순간은 쓸쓸함 그 자체다. 입에 착 달라붙는 막걸리의 감칠맛이 시선을 붙든다. 동시에 아버지는 수저를 옆에 제쳐 두고 시큼털털한 김칫국물을 통째로 후루룩 들이켠다.

열무물김치는 아버지의 지친 몸이다. 아버지 물자라는 낳은 알 다섯을 늘그막까지 등에 업고 다녔다. 촌락에서 겨우 몇 마지기 농사를 지으며 등골 빼 먹는다는 대학 등록금까지 내느라 허리가 휠 정도로 고충도 많았다. 열무물김치는 아버지의 옷에 스며든 땀 냄새와 다름없다. 뚜껑을 열면 풍미가 작렬하기는커녕 시큼들큼한 냄새가 코를 먼저 괴롭힌다.

입맛을 돋우는 멋스러움 또한 어떤가. 생기를 잃은 초록색 이파리와 줄기들만 쭈뼛쭈뼛 자리를 차지한다. 젊은 날 모질게 아득바득 살았던 호기가 사라지고 아버지의 파릇한 무청은 어느새 기력이 쇠해 바짝 물컹해졌다. 열무 줄기를 무미건조하게 질겅질겅 씹는다. 부식되고 마모된 치아 탓에 몇 번 우물거리다가 그대로 목으로 넘기며 막걸릿잔을 단숨에 비운다.

국물은 아버지의 시드러운 인생의 짭조름한 맛이다. 논농사에 길들인 마을에서 아버지의 연근 캐기 작업은 사람들에게 부러움 반 시샘 반이었다. 탐탁지 않은 눈길로 구두쇠라며 수군대던 이웃들이 허다했다. 흙탕물을 뒤집어쓰며 온몸을 아끼지 않았던 줄기찬 땀방울이 녹아든다. 아버지는 못 이기는 척 한 방울도 남김없이 탁한 술을 들이켜고, 연거푸 국물을 들이마신다. 목청에서 뽑아낸 '캬' 소리가 한층 더 거침없이 길게 이어진다. 지는 해를 등에 지는 추레한 모습마저 더없이 처연하다.

그럼에도 불구하고 김치는 다르거나 같다. 태양 빛이 작열한 붉은 빛이 감도는 배추김치, 마른 어둠이 침잠된 거무스레한 빛이 감도는 열무물김치를 번갈아 맛본다.

하염없이 그 소리를 찾아 헤맨다. 불현듯 엿듣고 싶다.

피망과 토마토

또 비가 내린다. 다소 흐릿한 회색빛 하늘, 멈출 줄 모르는 빗줄기에 젖어 드는 음악들이 서성인다.

실로 오랜만에 라디오 주파수를 돌린다. 핑크 플로이드의 곡이 흐르고 있다. 영국의 프로그레시브록 그룹인 핑크 플로이드하면 떠오르는 한 자락의 기억. 내 이십 대의 음악적 욕구를 다소나마 충족시켜 준 DJ와의 조우가 있던 피망과 토마토, 줄여서 피토라 불렀던 커피숍이 있었다. 친구를 만날 때면 으레 장미칼국수에서 돌솥비빔밥과 칼국수를 먹고 어김없이 시내 한복판의 피토로 향했다. 이곳을 찾는 데는 그럴 만한 이유가 있었다. 주문한 커피가 무한 리필이 되는 데다 촉촉하면서 바삭한 바게트를 무료로 제공해 늘 사람들로 북적였다.

역시나 마땅히 앉을 만한 자리가 없다. 주변을 탐색하는 사이, 나의 귀를 휘감는 소리에 쿵쿵 심장이 뛰었다. 애청하는 라디오 방송 DJ의 목소리와 닮은 음색이 음악실 한편에 잔잔히 울려 퍼졌다. 겨우겨우 화장실과 인접한 빈자리를 발견하고 앉았다. 친구는 굳이 냄새가 풍기는 자리에서 차를 마실 필요가 있느냐며 눈을 흘겼다. 비가 와서 다른 데도 붐빌 게 뻔하다, 오늘은 내가 살 테니 마음껏 시키라고 불평불만을 달랬다.

흘러나오는 음악이 실내에 가득 찬다. 친구의 왼쪽 어깨 너머로 본 음악실의 DJ는 청재킷이 제법 잘 어울렸다. 깊숙이 눌러 쓴 스포츠 모자가 얼굴 대부분을 가렸고, 구레나룻이 설핏 보였다. 음악은 대부분 DJ가 선정한 곡들과 나만의 신청곡, 어쩌다 연인과 친구들이 사랑한다, 생일 축하한다는 쪽지와 함께 적은 단편적인 몇 곡들이었다. DJ의 변칙적인 멘트에 멈칫하다, 음악이 다시 흘러나오면 왁자한 그들만의 수다로 곡을 뒤덮었다.

여러 날이 꽤 흘렀을 때, 깊은 추억에 젖을 만한 음악이 나온다 싶으면 어떤 곡인지 묻는 대담함까지 생겼다. 일부러 음악 잡지를 펼쳐보며 궁금증을 안고 갔다. 친구들을 만난 자리에도 곧잘 음악실로 향했던 나의 행동 탓에 괜히 엉뚱한 의심을 샀다. 실제로 남자의 외모를 궁금해하는 친구도 있었다. 우연히 눈이 마주쳤을 때는 목소리로 유추할 만한 쉽게 지나치는 얼굴이었다.

 DJ의 또 다른 이면을 알게 된 건 며칠이 지나서였다. 피토에 들어설 때마다 시선이 향하는 음악실이 웬일로 텅 비었다. 궁금했다. 종업원은 본업이 사진작가라 멀리 이동하는 바람에 조금 늦을 거라는 연락이 왔다고 했다. 십여 분이 지난 후 이 층을 오르는 발소리가 유난히 컸다. 불협화음으로 계단을 밟는 소리와 함께 한 남자가 피토로 걸어 들어왔다. 건장한 체구의 남자는 절뚝이는 발걸음으로 음악실을 향했다. 익숙한 청바지 차림과 스포츠 모자 바로 그 DJ였다. 그의 뒷모습이 불안정하게 흔들렸다. 그날 나는 음악에 관한 것보다 막연한 진실에 의문이 일었다.

 하염없이 비가 내리는 어느 날, 이따금 신청곡 쪽지만을 건네던 내가 장문의 편지를 내밀었다. 편지 내용은 나열한 열 곡의 신청곡 중 단 한 곡이라도 알지 못하면 나의 제안을 들어줄 수 있는지에 대한 여부였다. 어느 한 곡도 허투루 생각지 말라는 터무니없이 무례한 협박성 짙은 부탁일 수도 있다. 적어도 그 남자라면 굴욕적이지 않고 매우 영민한 제안으로 받아들일 수 있다. 그는 마른 웃음을 지었다. 솔직히 일곱 곡 정도는 확실히 알겠는데 요즘 최신팝송을 듣지 않아 잘 모르겠다며 곧장 제안이 뭔지 물었다.

혼란스럽고도 간단했다. 핑크 플로이드의 더블 CD인 THE WALL을 잠시 빌릴 수 있는지에 대한 것이었다. 보통 음악 마니아라면 CD가 분실될지도 모르는 불안함과 한번 빌려가면 돌려받는 내내 가슴을 졸여 웬만해서는 빌리지도 빌려주지도 않는 경우가 허다했다. DJ의 명쾌한 답변 대신 음악들만 자리다툼을 하듯 흘렀다. 창밖의 비는 거셌다. 점점 더 강한 빗소리가 머릿속과 가슴을 헤집고 다녔다.

힐끔 음악실로 시선이 갔지만 DJ는 보이지 않았다. 친구는 포기하라고, 그래도 사람이 인정이라도 있는 줄 알았는데 우리가 착각했을지도 모른다며 나를 위로했다. 친구의 위로는 빗줄기와 달리 너무 가늘고 옅었다. 내 제안을 무시한 데에 적잖은 실망으로 겸연쩍은 이 공간을 후다닥 벗어나고 싶었다.

출입문을 나섰다. 문을 여는 찰나 DJ는 "잠깐만요. 이곳에 그 CD가 있는 줄 알고 찾아보니 없네요. 언제라도 오세요. 그땐 제가 갖다 놓을게요."라며 고개를 주억거렸다. 나는 아주 잠깐 미소를 흘렸다. 밖으로 나서자마자 비를 퍼붓는 어두운 하늘에 대고 화창한 웃음을 환하게 터뜨렸다.

핑크 플로이드의 CD는 나의 방에서 몇 번이고 재생되었다. 행여 놓칠세라 내 음악 공간 어디쯤 단단히 공테이프로 봉했다. 나는 CD를 돌려주며 고맙다는 말과 함께 초콜릿 한 개를 건넸다. DJ의 희고 가는 손가락에 저절로 눈이 갔다.

그 시절 나의 이십 대는 일에 대한 자괴감, 무심코 보게 되는 선 그리고 막역한 친구들의 결혼과 함께 피토를 찾는 발길마저 뜸해졌다. 우연히 시내를 지나치다 마주하게 된 '피망과 토마토' 간판은 화재로 인해 볼썽사납게 그을렸다. 못내 사라져간, 돌아갈 수 없는 아쉬움이, 지독한 탄내처럼 질게 뱄다.

다시 찾은 피토의 간판이 말끔하게 단장을 했다. 불명확한 내 발걸음은 이 층 계단을 빠르게 올랐다. 출입문을 열자 자연스레 내 눈길이 DJ 음악실로 향했다. 음악실은 단단히 빗장을 걸어 잠근 채 최신 가요만 우후죽순 흘러나왔다. 예전의 공짜 바게트, 리필이 된 커피도 부질없었다. 돌아서려다 종업원에게 음악실이 언제쯤 사라졌는지 물었다. 정확히 착각할 정도는 아닌 듯하다. 오래전 아르바이트할 때도 없었다며 허겁지겁 주방으로 향했다. 내 기억 속에 오롯이 자리했던 아늑한 공간 틈새로 음악 소리가 유난히 크게 들렸다.

떠밀리듯 서둘러 피토를 나왔다. 닫힌 문에 대해 궁금해하는 이도, 그곳을 회상하는 피토는 어디에도 찾아볼 수 없었다. 여전히 화장실의 변기 물이 잘 내려가지 않은 한 부문만 기억하고 있을 뿐….

신발이 들썩이다

 구불구불한 길은 방향을 정해주지 않는다. 삶은 여러 갈래의 이정표처럼 다양한 각도에서 맞닥뜨린다. 또 다른 길에 접어든다. 만들어놓은 길에 성큼성큼 발을 내딛는다.
 맑은 아침, 베란다에 놓여 있는 화분의 푸석해진 잎을 들여다본다. 컴퓨터에 내려앉은 농밀한 먼지의 색채를 닦아낸다. 제법 길게 자란 손톱을 여유 있게 깎는다. 덩달아 모양새 나지 않는 발톱을 다듬고 발바닥의 묵은 각질도 제거한다.
 무라카미 하루키의 책을 들춘다. 묶어놓은 생각에 눈동자만 활자를 쫓는다. 갖가지 정보로 넘실대는 인터넷도 무료하긴 매한가지다. 엄습해오는 고독의 시공간. 서둘러 아침

겸 점심을 먹은 뒤 후다닥 어깨에 가방을 둘러멘다. 두 귀에 꽂은 이어폰을 벗 삼아 집을 나선다.

결혼과 동시에 고향을 떠난 출발지는 연제구 연산9동이었다. 이곳에서 광안리는 차로 십 분, 도보로 사십여 분이 걸린다나. 이참에 부산의 지리도 알아둘 겸 걷자, 물어물어 가면 되겠지. 코끝에 전해지는 광안리의 바다 향내를 따라 걷는다. 걷다 보니 연거푸 골목길이다.

미로가 따로 없다. 발걸음이 고삐 풀린 망아지처럼 철부지 어린아이다. 애타게 찾아 헤매는 광안리해수욕장 대신 수영사적공원 1.2km 표지판이 눈에 들어온다. 어떤 공원일까, 놀이에 한창인 꼬마 아이들에게는 꽤 곤란한 질문이었나 보다.

광안리로 다시 방향을 튼다. 이번에는 동네 슈퍼마켓 아주머니에게 광안리로 가는 방향을 제대로 물었다. 낯선 억양 탓에 관광객을 대하듯 의혹의 눈초리로 지하철이나 버스를 이용하란다. 나는, 거리의 방랑객이다. 버스를 탈 생각은 전혀 없고, 지하철역이 얼마나 먼지 알아볼 겸 또 걷는다. 줄곧 걷다 보니 산 하나가 떡하니 위치해 있다.

배산에 간다. 꽤 낯익다. 처음 부산에 와 도서관을 찾다 눈앞에 야트막한 산등성이와 눈이 마주쳤다. 이곳을 오르려면 연산동의 LG 아파트 방향으로 걸어가다 정수사에 나 있는 등산로를 통하면 된다. 편한 운동화를 신고 숨이 차지 않게 오르다 보면 평탄한 산책로가 길게 자리한다. 체육시설까지 갖추어져 산책 겸 운동 삼아 오기에는 안성맞춤이다.

가을이 무르익고 있다. 숲의 공기를 흠뻑 들이켠다. 산뜻한 가을 햇살에 몸치레를 한다. 떨어지는 잎이 시샘이라도 하듯 슬쩍 나를 건드린다. 완만하게 뻗어 있는 길이 전해주는 마음의 여유가 포근한 솜이불처럼 안락함을 선물한다.

등산복 차림의 사람들이 두런두런 이야기를 주고받으며 스쳐 지난다. 앞질러 가는 사람도 더러 있다. 산길을 무작정 걷다 보면 앞서거니 뒤서거니 또 다른 동행자가 된다. 그들의 발소리는 뚜벅뚜벅… 저벅저벅…, 자연의 적막감을 흔들어 나를 안심시킨다.

숲의 오솔길에서 온전히 마음을 건네받는다. 정상 쪽으로 약간만 오르다 보면 영롱하게 빛나는 광안대교가 눈앞에 펼쳐진다. 탁 트인 시야가 가슴을 시원하게 뚫는다. 늘 갈망하던 광안리해수욕장을 이곳 배산에서 새로이 대면한다. 나의 숨결이 홀로 광안리 백사장을 하염없이 걷고 또 걷는다. 혼자라는 게 확실히 의식되는 순간, 아득한 수평선 저 너머 고향에 남겨두고 온 강줄기와 조우한다.

비교적 따뜻한 지난해 겨울, 자전거를 타고 훌쩍 집을 나섰다. 고향을 떠나기 전 마지막으로 만경강 하구를 찾고 싶었다. 머플러로 얼굴을 칭칭 감싸고 짙은 카키색 모자를 깊숙이 눌러썼다. 여러 겹의 윗옷과 바지는 가장 편한 걸로, 겨울을 의식해 내복까지 챙겨 입었다. 가방 안에는 따뜻한 녹차가 담긴 보온병, 감성을 품은 몇 장의 엽서와 볼펜 한 자루, 원래 넣어놓은 지갑까지 꼼꼼하게 챙겼다.

강가와 가까워질 때쯤 낯선 이가 영 거북했는지 두 마리의 개가 악을 쓰며 짖어댔다. 논두렁 한 귀퉁이에는 주인 발을 벗어난 빨간 등산화가 가지런히 놓여 있었다. 형편없이 낡은 우산은 모래바람을 뒤집어쓴 채 뒹굴고, 부러진 우산살은 진한 빛으로 녹이 슬었다.

만경강에 다다랐다. 썰물 때라 드러낸 갯벌만이 무언의 자세를 취하고 있는 듯했다. 바닷새는 즐비하게 고요를 의식하지 않고 존재를 일깨우고 있다. 보온병을 열어 녹차를 한 모금 입에 가져갔다. 난데없이 재채기가 나온다. 이름 모를 들풀만이 살랑대는 바람에 흔들렸다. 개가 짖어대는 소리만이 전부였던 지난 시간과의 해후. 고립은 이런 걸까, 서둘러 자전거 페달을 밟아 그곳을 부랴부랴 빠져나왔다. 지난날에 끼적인 엽서 대신 오늘은 카메라에 투명한 광안리의 정경을 몇 컷 옮겨 담는다.

산길을 무작정 내려가 본다. 오던 길로 다시 돌아가야 길을 잃지 않는 법. 무슨 배짱일까, 다시 돌아가지 않는다. 불현듯 해변을 거닐고 싶은 마음이 솟구친다. 낯선 골목을 두리번거리다 보니 망미 주공시장을 접한다. 시장을 벗어난 길목에 유독 컹컹 소리를 내며 개가 짖어댄다. 그만 가보라고 재촉하듯 그곳을 떠날 때까지 귀에 익은 소리는 계속되었다.

집에 오는 길에 고개를 너무 많이 숙였나 보다. 어스름한 저녁, 살갗을 부딪치며 덤벼드는 추위가 몸을 움츠리게 한다. 손발이 시리고 카세트에서 흐르는 가수의 노랫소리마저 서늘하다. 그럼에도 살아있는 감정은 고기압의 영향을 받아 따뜻해질 전망이다. 깜박하고 물을 마시지 않았다. 물 한 모금을 들이켜다 재채기가 나와 한참을 웃었다. 산, 강, 바다, 사람들. 나는 자연스레 그들과 어우러진다.

발을 딛고 서 있는 이곳도 언젠가는 낯설겠지. 떠나는 길을 지나 또 다른 길을 만난다. 내 신발이 들썩인다.

그를 본다

본다. 빈번하게 본다. 뚫어질 듯 주시한다. 한층 더 가까이 다가가 본다. 감성을 덧입혀 한없이 그윽함을 머금는다.

수런수런 하루가 열린다. 베란다 창문을 열면 숲의 우듬지 사이사이로 그는 더없이 싱그럽다. 때로 청량감 짙은 수컷 딱새의 지저귐과 이에 비해 극성맞게 울어대는 까마귀의 잇따른 출연이 나의 심장을 톡톡 건드린다.

그는 항시 어디든 등장한다. 그의 몸짓 하나하나에 나의 시각視覺은 유독 열 일을 다한다. 대부분 그를 관심 영역에 두지 않는다. 도리어 나의 치기 어린 행동이 못마땅한 듯 불쾌한 표정까지 짓는다. 괜찮다. 대수롭지 않다.

그는 그만의 본질적인 형태를 가지고 있다. 그의 움직임은 여유를 품고 호기롭고 다채롭다. 그는 끊임없이 전진한다. 절대 뒤로 물러서지 않는다. 호락호락한 건 없다. 일말의 머무는 기색 없이 기다림을 거부한다. 애타는 한 여인의 비통함 따위는 아랑곳하지 않는다.

일렁이는 바람이 스친다. 바람의 흐름 따라 그는 순식간에 모양새를 바꾼다. 간혹 그의 멋진 모습을 놓치는 우를 범한다. 방랑객의 아쉬운 옷깃처럼, 때로는 변덕을 부리는 철부지 꼬마인 양 야속하기 그지없다. 더불어 스스로 멋을 부리지 아니하고 타협에 능통하다. 꽃과 나무, 강과 호수, 산과 바다, 각종 조형물과 건축물이 한데 어우러져 조화로이 공존한다.

그는 서로 다른 사물의 형체를 빚어낸다. 사막을 횡단하는 낙타들의 행렬과 여의주를 머금은 용의 위엄, 통통 튀는 재기발랄한 재간둥이, 강아지 토끼 말과 같은 친숙한 동물들, 화려한 불꽃들의 향연, 떼 지어 몰려다니는 유령들의 출몰 등 각자 다른 이야기로 흥밋거리를 제공한다.

어느 순간 이벤트도 펼친다. 태양이 여러 개 보인다는 환일현상幻日現象은 워낙 희귀해 아직은 유보 중이라고 치자.

그날 역시 쉽게 지나칠 뻔했던 평범한 날이었다. 그가 보기 드문 깜짝 선물을 선사한다. 후다닥 지인에게 전화를 건다. 어서 창밖을 보라고, 화창한 날 뜬금없이 무지갯빛 구름이 피어올랐다고 호들갑스럽게 외치고 싶었다. 자칫 무지개로 오해받는 오색영롱한 색채구름, 채운彩雲이 다채롭게 펼쳐졌다. 긴장과 초조가 이어지는 찰나… 순식간에 허무맹랑한 거짓말처럼 감쪽같이 사라진 후에야 연락이 닿았다. 그녀는 별 의심 없이 나의 통찰력을 열렬히 칭찬했다.

그를 흠모하는 대상은 지극히 한정적이다. 사람들은 한반도를 넘어 전 세계를 아우른다. 그들은 불굴의 의지와 열정으로 도전을 마다하지 않으며 그와 밀도 있게 조우한다. 칠흑 같은 어둠 속에 긴 여정의 야간산행을 불사하고, 이른 새벽의 포문을 여는가 하면 저물녘의 평온함 그 찰나를 놓치지 않는다.

그를 담는다. 기억저장고에 보관한다. 갤러리 안에는 수천만 장의 그를 찍은 사진들로 수북하다. 불편함도 잠시, 전혀 개의치 않는다. 그저 보고만 있어도 마냥 좋다.

정교하게 다듬는다. 밴드 모임에 K 선생의 조언대로 불필요한 부분은 과감하게 잘라낸다. 구도의 중요성을 따져 제대로 수평을 맞춘다. 역동적인 수직 구도, 박진감 넘치는 대각선 구도, 부드럽고 완만한 곡선 구도 등등 기술력을 연마한다. 미감과 안정감을 주는 1:1.618은 미의 표본이며 가장 잘 알려진 구도로 사진의 그를 한층 더 돋보이게 한다.

오후 다섯 시 삼십 분, 나는 어김없이 집을 나선다. 잰걸음으로 횡단보도를 건넌다. 아득히 먼 금정산 꼭대기의 상기된 그를 응시한다. 붉디붉게 평온하게 잔잔하게 나를 반긴다. 안뜰교 위에 서서 그를 바라볼 때마다 아무것도 아닌 게 아니다.

"뭐, 볼 게 있나요?" 누군가 묻는다.

"예, 저기⋯." 나는 수줍게도 명료하게 손가락 끝으로 그, 하늘을 가리킨다.

수면의 단상

잠은 어둡고 긴 여행이다. 여전하다. 이 말인즉슨 불굴의 아집인가, 기질에 순응한 행동인가.

-갈망, 갈등을 빚다-
아버지는 유독 텔레비전을 좋아했다. 넉넉지 않은 살림에 '노랭이'라는 소리를 곧잘 들었어도 텔레비전을 구매하는 데 주저함이 없었다. 근사하게도 80년대 촌구석에서의 텔레비전이라니, 당신에게는 그만큼 독보적인 존재였다. 하필 TV 위치가 건넌방의 문턱 가까이 자리했다. 터무니없이 좁은 건넌방이 아이들이 잠자는 방과 근접하다 보니 문제를 일으켰다. 멀찍이 뜨뜻한 아랫목에 누워 TV를 시청하는 아버지보다 쏙쏙 내 귀에 꽂혔다.

깊은 밤, 예닐곱 살 내가 엄마 곁에 누워 있다. 시간이 얼마나 흘렀을까. 혼곤히 잠든 엄마의 고른 숨소리가, 문틈 사이로 끊임없이 밀려드는 TV의 효과음이 들쑥날쑥 아이의 고막을 흔들었다. 침묵이 깔린 밤, 텔레비전 소리는 훨씬 더 웅장하다. TV 드라마 범죄수사극 '수사반장' 시그널 음악은 가히 공포 그 자체였다.

극적인 연출은 아버지를 매료시킨 게 아니라 나의 불안만 증폭시켰다. 꿀잠을 자는 엄마와 여동생과 달리 나는 쉽게 잠이 들지 못해 애면글면했다. 안절부절 빼꼼 방문을 열다 도로 닫는다. 아버지는 이때다 싶어 갈망하는 텔레비전을 양껏 시청하면 좋으련만 꼭두새벽부터 농사일에 지친 몸이 힘에 부쳤다. 팔로 턱을 괴고 연신 고개를 떨구며 코를 골았다.

울상이 된 나는 두 귀를 막는다. 최대한 TV 쪽에서 몸을 돌린 채 아버지를 불렀다. "아빠, 주무세요?" "아니, 텔레비전 보고 있지." 태연하게 다시 TV를 응시한다. 불신의 확신만 가득 안고 힘없이 방으로 들어간다. 이내 코 고는 소리가 명징하게 들린다. 당혹스럽다. 밤마다 부녀의 투덕대는 분란이 종종 일어날 때마다 양보란 없다. 지나칠 정도로 침울하다.

-청춘, 시간을 뒤쫓다-
어제 아니 오늘 새벽 친구는 이런 말을 하더군요.
"난 말이지. 잠자는 거 정말 좋아해. 그런데 왜 이렇게 버티고 있는 줄 알아? 내가 잠을 쫓아가며 하루를 내 속에 넣으려고 하는 건 말이지…." 그 친구는 이미 충혈 된 눈동자에 축 처진 어깨를 들썩이며 말을 이어나갑니다. 한없이 비틀거리는 모습이 저인지 친구인지 도통 모르겠더군요. "그건… 기회를 잃고 싶지 않아서였어. 우리가 현재 가지고 있는 기회 말이야. 난 이 시간을 충분히 멋지게 보냈다는 말을 하고 싶었던 거야. 우리가 지금보다 훨씬 더 나이 들어 결혼하고 나면 오늘 같은 날을 과연 얻을 수 있을까 그런 생각을 하거든." 의지만 있다면 기회는 충분하다고 저인지 또 다른 친구인지 지껄입니다.
 좁은 다락방의 한 친구 집에서 새벽을 오래도록 영유하고 싶었던 우리는 식어가는 김치찌개와 마른 오징어, 생기를 잃은 비스킷, 거품을 잔뜩 품은 맥주잔들로 무대를 가득 채우며 이야기를 펼쳤습니다. 분위기에 녹아들어 대화의 긴 터널이 이어졌던 건, 청춘이 가진 고민이나 고통이 시간을 뛰어넘어 계속 마음속에 요동치고 있기 때문일 겁니다.

한낮, 친구들은 머릿속에 괘종시계를 달고 있는 듯 머리가 빙빙거린답니다. 우리는 띵띵 부은 얼굴과 부스스한 머리칼을 마주 보며 한참을 낄낄거리고는, 그래도 그쯤 자길 잘했지 하더군요. 접이식 밥상에 놓인 너저분한 음식과 과자부스러기들, 나뒹굴고 있는 빈 맥주병들을 을씨년스럽게 바라보며 줄곧 하품을 해댑니다. 이십 대 그녀들은 어느 주말을 그렇게 보냈답니다.

-희구, 그녀를 끌어안다-

유난히 무더운 그해 한여름, 쌍둥이들은 안락한 자궁 안을 벗어나 서둘러 세상의 빛을 보았다. 임신했을 당시 잠을 푹 못 잤던 게 화근일까. 아기들은 그에 걸맞은 욕구와 타고난 기질대로 밤낮없이 빽빽 울어댔다. 더더구나 저체중아로 태어난 딸아이는 당돌하게도 더욱 적극적으로 보챘다.

미숙한 아이들의 이성에 밤의 평온을 빼앗겼다. 엉거주춤

딸을 업고 엉덩이를 토닥이며 불 꺼진 거실 주변을 맴돈다. 안온함과 따사로운 감촉이 등에 닿는다. 고요가 깊어질수록 칭얼대는 소리가 점점 잦아든다. 조심스레 포대기 끈을 풀어 바닥에 눕힌다. 남편은 자신만의 노하우로 처네를 이용하거나 바운서를 위아래로 능숙하게 흔든다. 잠든 아들을 보며 도덕적 책임감을 다했다는 듯 부리나케 컴퓨터 방으로 들어간다.

바쁜 남편을 대신해 저녁마다 시어머니가 집으로 오셨다. 아기들이 한방에 누우면 먼저 잠든 아이가 다시 깰 위험부담이 크다. 내가 아들과 안방에, 어머니가 따로 거실에서 딸아이를 곁에 두고 주무셨다.

때때로 새벽 무렵이면 두려움과 불안이 엄습한다. 설핏 잠이 들었으려나, 비좁은 틈으로 아이의 우는 소리가 거침없이 들렸다. 아픈 무릎으로 종일 장사를 하시고 저녁마다 손녀를 돌보기란 여간 고단한 게 아니다. 어머니는 현실과 꿈을 오가며 아이를 어르고 달래다 종내 수면으로 안착했다. 내 딸 아니랄까 봐, 미묘한 어둠 속 두 여자의 눈동자가 여지없이 흔들린다.

―저항, 먼저 느끼다―

어쩌다 한쪽 다리가 삐끗해 지인 소개로 한의원을 찾았다. 한의사는 대뜸 "밤에는 잘 주무십니까?" 생뚱맞은 안부를 다 묻는다. "아… 아니요." 나의 답변은 지극히 심드렁하다. 지천명을 멀찍이 앞둔 여인네가 딱히 잠을 못 잘 연유가 있나. 연이은 성가신 질문에 두루뭉술한 답변으로 아픈 다리를 가리켰다.

여느 환자처럼 침대에 누워 침을 맞았다. 옆 침상에, 또 다른 침상에도 병원을 자주 드나들던 환자가 방문한 모양이다. 의사는 으레 같은 질문을 연거푸 반복했다. 호의적인 인사치레든 본인만의 독특한 진료방식이든, 칸막이 사이로 환자들 입에서는 너 나 할 것 없이 온몸이 쑤시고 아파 잠을 푹 잘 수 없다고 푸념 섞인 넋두리를 쏟아냈다.

나이가 들수록 신체의 상처 회복과 세포 재생, 근육 성장을 위해 필요한 성장 호르몬의 분비량 수치가 낮아진다고 한다. 강도 높은 운동과 빈도가 늘수록 깊은 수면 상태인 비렘수면 시간이 늘어나 수면의 질을 향상한다니 기력이 쇠잔해지는 나에게 경종을 울린 셈이다. 어쩌나, 이참에 일찍 잠자리에 들어야 할까 보다.

3부
―
사
뭇

사진

노래 「가족사진」

가수 김진호

바쁘게 살아온 당신의 젊음에
의미를 더해줄 아이가 생기고
그 날에 찍었던 가족사진 속의
설레는 웃음은 빛바래 가지만

어른이 되어서 현실에 던져진
나는 철이 없는 아들딸이 되어서
이곳저곳에서 깨지고 또 일어서다
외로운 어느 날 꺼내본 사진 속
아빠를 닮아있네

내 젊음 어느새 기울어 갈 때쯤
그제야 보이는 당신의 날들이
가족사진 속에 미소 띤 젊은 우리 엄마
꽃피던 시절은 나에게 다시 돌아와서

나를 꽃 피우기 위해 거름이 되어버렸던
그을린 그 시간들을 내가 깨끗이 모아서
당신의 웃음꽃 피우길

피우길 피우길 피우길 피우길

- 사진, 한 장 -

빛바랜 사진 한 장은 아득함이 서렸다. 양미간을 잔뜩 찌푸린 듯 흑백사진은 꽤 구김살이 졌다. 솜털 같은 머리카락에 오동통 볼살이 오른 두 살배기 아이의 표정은 오묘하다. 배시시 웃고 있는 건지, 자못 울상을 짓는지 통 알 수가 없다.
 훤칠한 자태의 사진 속 당신은 아버지가 틀림없다. 젊은 아버지는 도망치듯 저만치 달아나는 아이의 이름을 부른다. 처음 문을 열고 살포시 품 안에 파고든 큰딸 미옥아~ 아니다, 딸 넷에 아들 하나라 바라만 봐도 흐뭇한 외아들 정윤아~ 글쎄다, 그게 아니면 당신을 제일 쏙 빼닮아 예쁘장한 외모를 지닌 둘째 딸 경옥아~ 혹시나 고만고만한 살가운 또래의 조카라면 더 낭패다.

사진 속 주인공은 과연 누굴까. 나이 든 아버지는 설핏 스치는 기억에 입을 굳게 다문다. 안방 서랍 안에 동그마니 놓인 사진은 어느 틈에 사라졌다. 누군가에게는 참으로 그립고 고마웠던 사진 한 장.

- 사진, 두 장 -

아버지는 사진 찍는 것을 썩 달가워하지 않았다. 평소 농사일에 바빠 찍을 만한 여건도 없거니와 사진 찍기를 좋아하는 막내 처제의 눈을 피해 다녔다.

아버지와 단둘이 사진을 찍기란 더 흔치 않은 일이었다. 중학교 졸업식, 하필 나와 다른 형제의 졸업식 날짜가 교묘하게 겹쳤다. 마지못해 아버지가 나의 졸업식에 참석했다. 어쩌다 입게 된 쪽빛 양복은 거치적거렸다. 누가 졸업생인지 모르게 아버지는 상기된 모습으로 엄마들 사이에서 불편한 기색을 내비쳤다.

포즈를 취한다. 아버지와 나 사이의 모호한 간극, 아버지는 내 옆자리가 아닌 등 뒤를 선택했다. 아버지의 등대는 흔들림이 전혀 없다. 환한 빛을 발하며 온몸을 집중해 정면을 응시한 채 꼿꼿이 서 있다. 다부진 입, 불끈 쥔 두 주먹은 더없이 강인하다. 거친 풍랑에도 묵묵히 제 역할을 다해내는 삶의 길라잡이다. 나의 잠바가 푸른 바다를 닮아 더더욱 새파랗다. 한껏 선명한 색깔을 내뿜는 조화 꽃다발은 농밀하기만 한 짙은 노을이다.

아버지와 단둘이 찍은 졸업식 사진 두 장. 어쩌다 불필요한 땅 너비가 아버지의 목을 감춰 버렸다. 사진사의 무책임과 무능력을 탓할 수만은 없었다. 오랜 사진첩에 단단히 정박해 두었다고 믿었다. 표류하는 기억의 감정, 머리가 잘린 아버지의 형상이 신기루처럼 느껴졌다. 무사히 낚아 올린 사진 한 장.

- 마지막, 한 장 -

벽에 걸린 사진을 본다. 살아생전 아버지의 칠순 기념으로 찍은 가족사진이다.

십삼 년 전, 온 가족이 바쁜 걸음으로 집을 나섰다. 고심 끝에 오촌 조카사위가 차린 사진관을 찾아 나섰다. 위험하지 않게 겨우 주차한 후 가족들은 차례로 부식이 상당한 건물 이 층으로 올랐다. 계단은 오르는 내내 줄기차게 삐걱댔다. 비좁은 사진관은 칙칙하고 단출했다. 누구랄 것도 없이 상반신을 비추는 거울을 보며 흐트러진 머리카락과 옷매무새를 가다듬었다.

스무 명, 생각보다 많은 구성원을 처음 대하는 거라 사진사는 적잖이 당황한 눈치였다. 가족들의 위치 선정부터 어려움을 겪었다. 안정적인 배치 구성이 만만치 않은 모양이다. 셔터를 눌러댈 때마다 각각의 몸짓과 표정으로 단장을 한다. 점점 지시에 어긋난 사람들이 속출하기 시작했다. 설상가상 갓난쟁이까지 불만 섞인 울음보를 터뜨렸다. 꽤 긴 시간이 흘렀다. 제일 먼저 아버지의 얼굴에 피로가 짙게 깔렸다. 대충 찍자고 입을 모았다.

정교한 수정 작업은 쉽지 않았던 모양이다. 사진이 나왔을 때 연출된 자신과 어색하게 마주한다. 사진 속 미소를 그려낸 가족들 사이 정중앙에 위치한 아버지는 구릿빛 낯을 분첩으로 가리지 않았다. 다소 무겁고도 평정을 잃지 않는 시선, 안타깝게도 당신만은 억지를 부렸던 게다.

아버지와 엄마가 만들어나간 길에 서로 다른 나와 네가

또 만난다. 둘을 닮은 열매의 결실 속에 끊임없이 끈은 이어진다. 시간이 만들어낸 몸과 마음의 길이, 넓이가 커가고 네 명의 아이들이 새롭게 등장했다. 아이들은 사진 속 모습으로 외할아버지와 대면한다. 십여 년이 넘게 흘러도 그대로 칠십 평생 종착역에 머문다.

  아버지의 얼굴에 마른 낙엽이 바스락거리고 무정하게 겨울바람이 스친다. 당신의 또 다른 옆에 셋째 딸이 앉아있다. 오랜 시간 함께한 예우인가. 아버지의 기운을 다소나마 북돋으려는 의지인지 환하게 이를 드러내며 나는 속절없이 웃고 웃고 또 웃는다. 절실한 이야기가 담긴 사진 한 장.

두 개의 싹

 숙제가 주어졌다. 봄이라는 교과서에서 나온 씨앗 관찰하기였다. 말이 애들 숙제지 온전히 내 몫이다. 종내에는 꽃을 피워 학교에 가져가야 하는 꽤나 번거롭고 난감한 과제였다.
 어느 결에 꽃집 자리에는 소형 마트가 들어서 있다. 허탈한 심정으로 발길을 돌리려는 찰나 건너편에 꽃집 하나가 보였다. 꽃을 피울 만한 씨앗이 있느냐고 물었다. 푸근한 인상의 주인이 내 의중을 금방 알아채고는 제일 만만한 게 강낭콩이란다. 물을 적신 솜에 콩을 올려놓고 이삼일 지나 싹이 나올 때 화분에 옮겨 심으면 잘 자랄 거라고 한다. 친절하게도 강낭콩은 여기보다 잡곡 파는 곳에서 쉽게 구할 수 있다는 말까지 덧붙였다.

잡곡판매상을 찾아 두리번거리다 할인물품매장이 눈에 띄었다. 씨앗이 있나 둘러보다 비교적 간단하게 콩을 심고 물만 주면 금세 싹이 돋아난다는 강낭콩 화분이 보였다. 이런 편리한 것을 놔두고 생고생을 하나 싶어 얼른 값을 치르고 집으로 돌아왔다. 강낭콩 두 개를 심고 살짝 물을 주고 나니 공공연히 신경이 쓰였다.

베란다에는 초록빛 물결의 화분들이 그득하다. 아파트 일층인데다 바로 코앞이 야트막한 산이라 제구실을 마다하고 잎줄기만 주야장천 자라는 식물들이 대부분이다. 일조량이 부족한 탓에 꽃이 달린 화분들도 맥없이 쓰러지기 일쑤다. 조악한 환경에서 과연 제대로 해낼 수 있을까, 너무 버거운 건 아닌가 슬슬 걱정부터 앞섰다.

목적을 동반한 계획은 기대감이 훨씬 더 크다. 일주일이 지나도 어떤 동요가 없다. 두 개가 무리라면 한 개라도 싹이 나올 거라 내심 기대했건만 소식을 전할 기미가 전혀 보이지 않는다. 별수 없이 화분의 흙을 들춰보았더니 콩은 온데간데없이 사라졌다. 당혹스러운 데다 이내 허무함마저 들었다. 섣부른 경험 미숙으로 인한 판단이 빚어낸 헛헛한 결과였다.

인근 시장에 가서 인심 좋은 할머니에게 강낭콩 일곱 알을 얻었다. 물에 적신 탈지면이 든 유리병 안에 띄엄띄엄 강낭콩을 조심스레 집어넣고 좀 더 살뜰하게 살펴보기로 마음먹었다. 삼 일째가 되자 콩들이 껍질을 뚫고 슬며시 뿌리를 내렸다. 두세 개는 제법 튼실해 보이는데 나머지는 영 볼품이 없었다. 똑같은 실수는 번복하고 싶지 않았다. 배양토가 있는 화분으로 조심조심 옮겨 심었다. 뿌리가 나온 곳을 흙에 묻고 행여 썩어 없어질까 노심초사하며 촉촉이 적실 만큼만 물을 주었다. 이에 그칠세라 수시로 화분을 들여다보기 바빴다.

결혼 후 수정은 생각보다 쉽지 않았다. 나의 몸 안에도 의술의 힘을 통해 싹을 틔워야 하는 난관에 봉착했다. 불임전문병원을 수소문해 먼저 불임혈액검사와 뇌하수체 호르몬 검사, 골반초음파를 통해 몸의 이상 여부를 체크했다. 그 후 시험관시술을 위한 준비 과정으로 자궁내시경을 통해 자궁의 상태를 보며 착상이 용이한지 자세하게 살폈다.

검사상 자궁내막이 유착되어 있었다. 담당 의사와 상의해 겨우겨우 수술 날짜를 잡고 난 후에야 비로소 실감했다. 이것은 험난한 과정의 전초전이었다. 간단한 수술이지만 부분

마취가 불가해 전신마취를 통해 하얀 실뭉치 같은 것을 가위로 제거하는 유착박리술을 받았다.

그런 후 의사가 처방해 준 약을 복용하고 배꼽주사, 엉덩이주사를 맞기 시작했다. 생리 양을 체크해 정해진 날짜에 맞춰 초음파검사도 받았다. 배꼽주사를 매일매일 배꼽 주위에 돌아가며 맞다 보니 주삿바늘이 반항이라도 하듯 하루에도 몇 번씩 튕겨 나가는 게 허다했다. 심지어는 주사 맞은 부위에 출혈을 보이는 경우도 더러 있었다. 고통은 어떤 목적의식 앞에서는 견딜 만한 의지를 부여한다. 나는 나약하지 않으리라 애쓰며 꿋꿋이 견뎠다.

가까스로 화분에 싹 두 개를 틔우는 쾌거를 이루었다. 이럴 수가, 살아있었다! 나는 마치 심장이 여러 개라도 되는 것처럼 격앙되게 뛰었다. 팔딱팔딱 자신감도 생겼다. 불행인지 다행인지 두 개의 콩이 똑같이 한 화분에 담겨 있다. 한 개의 콩 떡잎이 먼저 기지개를 켜며 서서히 껍질을 벗겨 나갔다. 외따로 옮겨 심을까, 그러다 둘 다 잘못되면 어쩌나 한참을 고민했다. 이것도 숙명이라면 숙명이겠지 희망적인 관계를 꿈꾸며 그냥 두고 보기로 마음먹었다.

나는 군말 없이 미쁘게 병원과의 약속을 이행했다. 전문

의사의 도움을 받으며 차근차근 수순을 밟아 나갔다. 그것은 길고 긴 한살이의 과정이었다. 운 좋게도 아홉 개의 난자를 채취하고 그중에 다섯 개가 수정이 되어 이식했다. 마침내 어둡고 긴 터널을 지나 두 개의 싹이 환하게 햇살을 비추듯 내게로 찾아든 벅찬 순간이었다. 쉽게 일구기 힘든 일확천금과 같은 경이로운 행운 그 자체였다.

 보금자리에 콩알만 한 점 두 개가 선명하게 자리했다. 쿵쿵쿵 심장 뛰는 소리가 진하게 귀를 울렸다. 처음에 콩알은 강낭콩 모양의 형태를 닮아 갔다. 조금씩 몸의 기능을 하나둘씩 갖추며 점점 빠르게 성장하고 있다. 초음파상에서 두 아이의 키와 몸무게가 약간의 차이를 보인다고 했다. 같은 영양분을 공급하는데도 남녀의 차이 때문이란다.

 한동안 사내아이처럼 건장한 콩은 줄기를 치며 쑥쑥 자랐다. 여리디여린 여자아이를 닮은 콩은 납작 엎드려 일어날 기미가 전혀 보이지 않았다. 애가 탔다. 시간 시간마다 햇빛을 찾아 자리를 옮겨 주며 눈길을 더해가는 날이 많아졌다. 우려와 달리 누워 있던 콩이 조금씩 천천히 달싹이기 시작했다. 첫 번째 콩은 하루가 다르게 제법 콩의 모습을 갖추었다. 그에 맞춰 두 번째 역시 조금씩 콩의 형태를 닮아 갔다.

훌쩍 자란 두 개의 콩은 양분을 서로 나누며 도란도란 오붓하게 지냈다.

몸 안의 싹은 점점 사람의 모습을 갖추어 갔다. 둘이라 더더욱 빈틈없이 준비해야 했다. 어렵게 틔운 싹을 발아하는 과정은 결코 순탄치 않았다. 산 넘어 산이라고, 정기적인 산전 검사 중에 기형아 검사를 한 결과 69:1로 고위험군에 속한다고 했다. 69명 중에 1명꼴로 기형아 발생률이 있을 경우란다. 마음 졸이며 마냥 열 달을 버티는 게 나을지, 육십만 원이 넘는 만만치 않은 비용이 들어도 태아들의 양수를 직접 뽑아 좀 더 정밀하게 알 수 있다는 양수 검사를 받아야 할지 선택의 갈림길에 섰다.

나는 어렵사리 양수 검사를 끝마쳤다. 또다시 결과를 기다려야 하는 두려움까지 곁에 딸렸다. 더구나 의사는 둘이 위험한 자세로 엇갈리게 위치해 있으니 절대적인 안정을 취하라는 따끔한 조언까지 들었다. 나는 가까스로 울음을 삼켰다. 삼십 중반의 고령에 깡마른 체형은 두 개의 싹 보금자리로는 더없이 조악하다. 연약한 감정에 연연해서는 안 된다. 무엇보다 정서적인 안정이 제일 급선무다. 그저 더더욱 서로를 의지하고 지지하며 잘 해낼 거라고, 따스한 손길로 가만가만히 배를 어루만지고 조곤조곤 말을 건네며 그들을 격려하는 방법이 전부였다.

나는 흔들리지 않게 지지대를 세워 주었다. 줄기와 잎이 새록새록 돋아나고 키가 외 붓듯 가지 붓듯 자랐다. 보금자리는 두 싹을 지키기에 이제 턱없이 작기만 하다. 이제라도 분갈이를 해야 하나. 하지만 빼도 박도 못할 불가능한 일이었다. 그들은 약한 듯 강했다. 비록 작고 좁은 초라한 곳일지라도 이에 굴하지 않고 두 줄기가 서로 어우러져 빙빙 휘감고 높이높이 올랐다. 이제는 감히 둘을 떼어낼 엄두조차 내지 못한다. 지지대를 크고 굵은 것으로 바꾸고 휘어지지 않게 가는 끈으로 줄기를 묶었다.

소담스레 꽃이 활짝 피었다. 비로소 가슴이 들렁들렁하고 미소가 진다. 연한 보랏빛이 감도는 꽃은 환하고 앙증맞다. 그 꽃 너머 꼬투리가 맺히고 또 다른 콩을 맞이한다. 무사히 꿈의 결실을 맺었다. 팔에 안겨 있는 두 아기를 물끄러미 바라본다.

나를 닮은 한 아이가 자주색 강낭콩을 손바닥 위에 올려놓는다. 순정한 눈망울로 쳐다보며 생글거린다. 바라볼수록 그리움 가득한 빛의 숨결이다.

도시락을 열다

 1980년대 그 시절, 신작로에는 먼지가 한가득 폴폴 날린다. 끝없이 하늘과 맞닿아 펼쳐진 호남평야는 국내 최대 곡창지대라는 명분을 앞세운다. 마을 사람들은 매 계절마다 쉼 없이 논으로 밭으로 몸을 움직인다. 여전히 부지런한 근성과 뚝기 하나로 자연재해에 맞서 고향의 땅을 굳건히 지킨다. 경작한 작물들은 늘 소박하게 밥상에 오르내린다.
 도시락은 요란하지 않다. 한낮의 시골 초등학교 점심시간, 담임 선생님은 책상 위에 양은 도시락을 꺼내놓는다. 푹 꺼진 눈자위처럼 찌그러진 도시락은 투박했다. 환갑을 앞둔 선생님의 정수리가 유난히 전구 알처럼 반짝였다. 왁자한 교실에서 선생님은 묵묵히 끼니를 때웠다. 학교가 파할 때마다 선생님의 낡은 자전거는 힘차게 내달렸다. 언제나… 궁색하게도… 흔들림 없이…. 뒤꽁무니에 꽁꽁 여민 도시락 보자기가 달랑거렸다.

도시락은 수치심을 갖지 않는다. 때맞춰 찾아오는 허기는 썩 유쾌하지 않다. 서른 명이 채 되지 않는 반 아이들도 하나둘씩 가방 안에서 도시락을 꺼낸다. 도시락은 우위를 따지지 않는다. 단지 보편적인 위치에 서 있을 뿐. 구태여 어슬렁댈 필요가 있겠는가. 여느 때와 다를 바 없이 콧속에 휘감기는 이 친숙한 냄새들이 야속하게도 교실을 꽉꽉 메운다.

반찬통 뚜껑을 열기 전, 나는 낯선 열망을 품는다. 어제는 오늘이 아니라는 막연한 기대와 짜릿한 긴장감을 단 몇십 초 맛본다. 제법 행동이 굼뜨다. 마지못해 슬며시 뚜껑을 연다. 그럼 그렇지, 꼭두새벽부터 일어나 오 남매의 도시락을 일일이 싸야 하는 것도 만만치 않으리라. 전전날 먹었던 시큼털털한 김치볶음과 부담스럽게 딱딱한 콩조림과 또다시 마주할 줄이야.

짝꿍은 다소 요란하게 도시락을 풀어 제친다. 이게 뭐라고, 흘끔 곁눈질해 본다. 역시 멸치볶음이다. 어제와 같은 반찬인가, 아니다. 조리법을 약간 달리했다. 눈에 익던 중간 멸치의 몸체가 사라졌다. 친구 엄마가 요번에는 좀 더 저렴한 국물용 멸치를 골랐나 보다. 입맛이 돋게 고추장 양념을 가미했다. 그나마 작은 멸치 한 마리를 골라 우적우적 씹었다. 하필 멸치 가시가 그만 목에 걸렸다. 석연치 않게 그날은 입 안 가득 비릿한 바다 냄새와 함께 종일 맵고 쓰라렸다.

달걀프라이야말로 거창한 반찬 메뉴 중의 하나이다. 형편이 형편이니만큼 여간해서 달걀을 사 먹을 엄두가 나지 않는다. 닭을 몇 마리 키우긴 했다. 집터가 좁아 돼지우리 주변에서 알짱거리는 닭들이 무섭고도 거슬렸다. 술을 좋아하는 아버지는 이른 아침마다 날달걀을 톡톡 깨 훌훌 마셨다. 엄마는 내공을 발휘한다. 딸들의 눈을 피해 달걀프라이를 오빠 도시락 밑에 교묘히 숨겼다. 무언의 심리적 압박감 때문인지, 오빠는 달걀을 먹으면 부쩍 자주 체했다.

도시락은 늘 새로운 변화를 도모한다. 도시에서 여자아이가 전학을 왔다. 호기심 가득한 사내아이들은 으레 뽀얀 얼굴에 새초롬한 아이를 떠올린다. 숙이는 유독 피부가 까무잡잡했다. 나름 키 크다고 우쭐대던 또래 아이들보다 한 뼘 이상 차이가 났다. 목청도 제법 높아 중앙의 맨 뒷자리에 앉아있는 걸 단박에 알아챘다. 활달한 숙이는 금세 아이들과 어울려 깔깔댔다. 조무래기들은 장난을 치거나 놀려 대지 않았다. 녀석들은 여전히 일상이 무료하고 따분했다.

어김없이 찾아온 점심시간, "야야, 여기로 와 봐. 맛있는 게 있다!" 까불거리는 한 남자아이의 목소리가 격앙되어 떨렸다. "뭐, 어디?" "야, 그게 뭔데?" 날쌘 아이들이 숙이 곁으로 우르르 몰려들어 에워쌌다. 나는 의연함을 잃지 않고 제자리에 그대로 있다. 맛을 본 아이들은 금세 헤벌쭉해져 '맛있다' 소리를 연발했다. 궁금하다. 간절하리만치 궁금해 미칠 노릇이다.

놀라웠다. 반찬통 안에 꽃송이가 흐드러지게 피었다. 동글납작하니 연분홍빛이 감도는 게 어쩜 그리 화사하고 예쁠까. 달걀을 입힌 분홍 소시지, 그야말로 이곳 농촌에서는 범접하기 힘든 밥반찬이다. 이게 무어라고 독특한 향미와 감칠맛으로 아이들의 눈과 입을 동시에 현혹한다. 아! 나는 한 마리 나비가 되어 훨훨 날아 사뿐히 꽃밭 위에 내려앉는다.

소풍의 묘미는 단연코 김밥 도시락이다. 김밥 재료라면 달걀, 당근, 단무지, 시금치 그리고 빼놓을 수 없는 게 바로 소시지다. 그건 필수불가결한 선택이었다. 특별한 하루에 특별한 소시지를 맛볼 절호의 기회다. 하지만 엄마는 생각이 달랐다. 집에 있는 재료들로 대충 김밥을 쌀 심산이었다. 나는 심통을 부렸다. 심지어 소시지가 들어가지 않은 김밥 말고는 다 필요 없다고 생떼를 썼다. 보다 못해 옆에 있던 언니가 내 옆구리를 쿡쿡 찔렀다.

도시락은 힘을 싣는다. 엄마는 밤새 고민을 했으리라. 흐르는 시간 너머 마음만 조급했다. 철딱서니 없는 자식들이 자꾸 눈에 밟혔다. 더 이상 선택의 여지가 없었다. 어제와 사뭇 다른 오늘, 엄마는 평소보다 바지런을 떨었다. 궁여지책으로 인정 넘치는 옆집 아주머니에게 소시지를 조금 얻었다.

소시지 양이 턱없이 적다. 길게 자르기에는 무리다. 엄마는 할 수 없이 가능한 한 작게 깍둑썰기를 했다. 당근과 단무지, 달걀프라이 역시 소시지 크기대로 비슷하게 잘게 썰었다. 엄마의 칼질은 평소보다 훨씬 더 세심해졌다. 썬 재료들을 한꺼번에 프라이팬에 소금을 약간 넣어 볶았다. 고슬고슬한 하얀 밥과 한데 어우러지게 잘 섞었다.

도시락은 관용을 베푼다. 한껏 가슴 부푼 소풍날 점심시간, 나는 도시락을 열기 전 낯선 열망을 품는다. 막연한 기대와 짜릿한 긴장감을 단 몇십 초 맛본다. 제법 행동이 굼뜨다. 마지못해 살포시 뚜껑을 연다. 소담스레 색색이 수를 놓았다. 흠… 그러니까… 다시 보니 김밥, 볶음밥으로 만든 엄마표 김밥 도시락이다.

　김밥은 슬몃슬몃 소시지를 내비친다. 나름 흡족한 엄마의 모습이, 안도의 한숨이 도시락 안에 깊숙이 머물러 있다. 김밥이 맛있다. 진심이다.

삶의 방식

 예기치 않은 만남을 갖고 싶었다. 우연은 기회의 연속이라고 생각했다. 또다시 너를 만날 수 있을까. 어쩌다 한갓 미물에 넋을 놓다니, 연인의 흠모도 이렇게 절절하지만은 않을 터 나는 분명 사랑앓이 중이다.
 B대학교에 갈 일이 생겼다. 부산대역에서 3번 출구로 나와 순환버스를 타고 마지막 정류장에서 내렸다. 하늘은 더없이 아늑하고 순정했다. 울울창창한 숲을 둘러싼 캠퍼스 내 경암체육관 건물로 막 들어서려던 참이었다. 차량 밑에서 웅크리고 있던 그가 사람의 인기척에 슬금슬금 모습을 드러냈다.

나의 감정도 그들의 외형에 따라 시시각각이다. 새끼고양이의 잔망스러운 몸짓이나 부리나케 줄행랑을 치는 녀석들과는 사뭇 다르다. 미끈한 몸매는 잘 길들인 집고양이의 고귀함이 엿보인다. 수천만 원을 호가하는 명품을 두른 귀부인의 면모를 드러낸 걸까, 교태는 다소 억지스럽다. 아우라는 살짝 비껴갈 정도다. 온몸을 감싼 새하얀 털은 고혹하기 이를 데 없고, 정수리 부분에 양 날개를 펼친 듯 까만 털은 좀 더 세련미가 넘쳤다. 특이하게도 온전히 검은 긴 꼬리가 흑백의 묘미를 더욱 부각시켰다.

타고난 미묘였다. 아! 나도 모르게, 날카로운 첫인상의 치명적인 매력을 소유한 녀석에게 매료되었다. 스피노자의 에티카에서는 "끌림(propensio)이란 우연에 의해 기쁨의 원인이 될 수도 있는 그 어떤 사물의 관념을 수반하는 기쁨이다."라고 했다. 환희라는 표현이 적절할까. 나는 온몸으로 녀석을 탐하고 있다. 내가 연신 휴대전화의 카메라를 갖다 대는 동안 느긋한 자태로 음험한 미소까지 곁들여 꼼짝도 하지 않는다.

나는 부지불식간에 '야옹' 소리를 냈다. 고양이와의 대화법도 모르면서 최대한 앙증맞게. 마치 그에 대한 답을 하듯 고맙게도 '야옹'이라고 응수한다. 나의 시선을 의식한 듯 살짝 뒤돌아보는 노련한 몸놀림까지 여간내기가 아니다. 녀석은 호기롭게 걸음을 옮기다 홀연히 옆 건물로 사라졌다.

고양이의 행적을 쫓았다. 제2사범관 앞에는 음료자판기 한 대와 긴 벤치 두 개가 마주하고 있다. 녀석은 금세 한 남학생의 무릎 위에서 짐짓 여유를 부린다. 학생의 부드러운 손길에 몸을 내맡긴다. 다른 이가 등을 살짝 어루만져도 거부감 없이 편안한 자세를 유지한다. 옷에 묻은 털을 아무렇지 않게 툭툭 털었다.

"이 고양이 주인이세요?"

"아니요. 그냥 길고양이인데 제가 자리에 앉으니 폴짝 뛰어올라 이러고 있네요."

학생 말에 따르면 원래 집고양이였는지는 알 수 없지만, 꽤 오랫동안 이곳에서 생활 한 탓인지 유독 사람들을 잘 따른다고 했다. 몇 달 전 진드기에 물려 생명이 위태로웠을 때 어떤 남학생이 용돈을 모아 정성껏 치료해준 덕분에 가까스로 목숨을 구했다고, 자신과 닮아 착각을 하는지 벤치에 앉아 있으면 슬며시 곁으로 다가온다는 말을 전했다.

캠퍼스 주위에는 길고양이가 꽤 많다. 길고양이라 칭하는 코리안 숏헤어, 털 색깔과 무늬의 모양에 따라 구분을 한다. 흔히 볼 수 있는 노란 빛이 감도는 치즈 태비나 진한 갈색 줄무늬고양이인 고등어 태비가 곳곳에 가장 많이 눈에 띈다. 이외에도 삼색, 젖소, 카오스, 턱시도, 블랙 종류의 고양이가 돌아다닌다. 동화 속 공주처럼 희고 아름다워 '백설'이라는 이름을 얻은 이 친구는 흰색과 검은색 무늬를 적절히 조합한 젖소 태비였지만, 터키시 앙고라 품종묘 사이에서 태어났을 가능성이 높아 보였다.

이들은 마음 따뜻한 집사들이 잠자리를 만들어 주고 물과 사료를 공급해 풍족한 생활을 영위하고 있다. 나는 B대학교에 볼일이 있을 때마다 백설이가 지나간 흔적을 따라 고양이의 집합소에 갔다. 신출귀몰한 녀석은 매번 내 애간장을 태웠다.

독특한 외모와 붙임성은 그의 존재를 확실히 각인시켰다. 백설이를 살뜰히 챙기는 집사는 여럿 있었다. 등산객 집사가 "뚱아."라고 부르면 쏜살같이 달려 나오더니 이제는 행동반경이 넓어져 얼굴 보기가 힘들다고 아쉬워한다. 학생 집사들 역시 백설이의 특징을 언급하자 단박에 알아본다. 워낙 유명한 고양이답게 가끔씩 학생들과 수업을 함께 듣는

호사를 누리고 있다니, 왕후장상이 따로 없다.

 우연이 인연이 되는 시대착오적인 발상을 갖는 것은 우습다. 금정산 숲속을 활보하는 백설이는 먼 시야에서 속절없이 애를 태웠다. 나는 가까이, 좀 더 가까이 바위 자갈이 즐비한 숲길을 헤집고 달렸다. 녀석은 재빠르게 사라졌다. 땅거미가 짙게 깔린 어느 날에는 화단의 자욱한 풀 더미에서 숨은 그림을 찾듯 고개를 갸웃거렸다. 무심결에 슬쩍 나를 쳐다보다 이내 모습을 감췄다.

 흰색 승용차에서 말쑥한 정장 차림의 차 주인이 내렸다. 지나가던 학생들이 정중히 인사를 건넸다. 낯익은 목소리와 발걸음에 은둔해 있던 대여섯 마리의 고양이들이 주위에 몰려들었다. 차 주인은 곧장 트렁크를 열었다. 고양이들은 일제히 트렁크 쪽으로 자리를 옮겼다. 고양이 사진이 부착된 초대형 사료 봉지를 꺼냈다. 오로지 그것만이 절대적이었다. 경계의 눈빛으로 나를 주시하던 것과 달리 평온하리만치 애교가 넘치는 고양이들로 변모해 교수님이 떠날 때까지 움직이지 않았다.

 이후 B대학교에 갈 일이 없었다. 가랑비 내리는 을씨년스러운 어느 일요일 오후, 순환버스를 타고 막연히 그곳을 찾앉다. 고양이들이 비를 피해 어딘가로 숨어들어 있을 가능성이 농후하다. 백설이가 홀로 코앞에 있다. 그는 집사들의 따뜻한 보살핌 덕분인지 여전히 정갈하고 멀끔했다. 가슴이 쿵 내려앉을 줄 알았다. 이제 나는 감성이 마비된 행인이다. 녀석은 주위를 맴도는 길고양이들과 별반 다를 게 없었다. 일렁이며 요동치는 애틋한 마음이, 잔잔한 파문이 걷혔다. 쏘아보듯 나를 쳐다보다 뒷걸음치는 그의 몸짓이 어쩌면 당연한 건지도 모른다.

"네가 다른 이들에게 다가가듯이 한 번만이라도 내게 다가와 준다면, 나는 너에게 기꺼이 맛있는 간식을 줄 의향이 있어." 전전긍긍 녀석을 쫓아다니며 뒤꽁무니에 대고 줄곧 푸념 섞인 말을 내뱉었다. 둘 사이의 간극, 단순한 호기심에 오해와 착각이 넘나들었다. 나도 녀석도 그렇게 집으로 돌아갔다. 석연치 않은 여운만 남긴 채.

반복되는 일상에 신선함을 바라는 건 지나친 욕심일까. 이팔청춘의 설렘 같은 그리움, 무지개를 쫓아가는 순수함이 그리웠나 보다. 일부러 정보를 찾는 작위적인 행태를 보이고 싶지는 않았다. 감정이 이끌린 대로 아날로그식 감성으로 행동했다.

단지 너와 나는 삶의 방식이 서로 다를 뿐이다. 녀석은 그저 생명이 직결된 감각을 지닌 고양이라는 것을 잊었다. 맛나는 간식이나 먹을 만한 것을 건네주지 않는 한 그들에게는 귀찮은 훼방꾼이나 불편한 불청객에 불과하다. 깨달음을 얻는 순간 불꽃이 인다. 나는 감성과 이성에 묶인 판단력을 상실한 두 발 달린 인간이다.

장미꽃다발

한밤의 장미꽃다발. 신혼 시절 남편이 선물한 장미꽃은 팔팔한 이십 대의 젊은 피가 솟구치듯 뜨겁게 타올랐다. 갓 잡아 올린 물고기처럼 싱싱함을 한껏 발산하는가 하면, 울 끈불끈 솟은 가시마저 감히 범접할 수 없을 만큼 도도해 보였다. 시커먼 피부색에 불콰해진 남편의 불그스름한 얼굴과는 사뭇 달랐다.

생뚱맞게 포장지가 신문지다. 혹 남의 집 정원에서 꽃을 슬쩍 했나, 신문지로 뭉뚱그려 감싼 꽃다발이 내심 수상쩍었다. 꽃집에 포장지가 전부 떨어졌을 리는 없고 꽃을 어디서 사 왔는데 신문지냐고 찜찜한 의문을 던졌다. 남편은 꽃만 예쁘면 됐지, 말이 많다며 오히려 면박을 줬다.

한참 동안 택시를 기다리는데 할머니 한 분이 꽃을 팔고 있었단다. 어둠이 점점 깊어갈수록 안타깝게도 꽃은 더더욱 팔리지 않았다. 할머니는 집에 갈 엄두도 내지 못한 채 전전긍긍했다. 포장지를 살 돈마저 아까웠던지 가판대의 생활정보지가 임무를 대신했다. 강렬하고도 무게감 있는 말 한마디와 긴 여운을 담은 애절한 연민의 눈빛에 취한 남편은 급기야 지갑을 열었다.

사연 속 주인공의 꽃을 들여다본다. 다시 보니 신문지 활자들과의 색채 조합이 꽃의 위신을 한껏 세워주었다. 그날 장미꽃은 평온한 잉걸불처럼 내 가슴속에 오래도록 불타올랐다. 태어난 이래 이렇게 아름다운 장미는 처음이라고 연신 향기를 맡으며 재잘댔다. 이 변덕스러운 감정을 어찌할까, 나는 새벽 공기를 마시고 온 남편을 절로 용서했다.

몇 해가 지난 어느 아침, 남편의 얼굴에 잔뜩 날이 섰다. 의심에 사로잡힌 그의 시선이 쓰레기봉투 안에 구겨 넣은 장미꽃다발로 향했다. 내가 뭐라 말하기도 전에 밴댕이 소갈딱지처럼 아침밥도 먹는 둥 마는 둥 출근을 바삐 서둘렀다. 괜히 부지런을 떨어 속풀이 황태국만 잔뜩 끓였나 보다.

흥! 화가 나는 건 오히려 나다. 버린 꽃만 쳐다봐도 기가 차서 말이 나오지 않는다.

  그날 자정이 훌쩍 넘어 초인종이 울렸다. 줄기차게 벨을 눌러대는가 하면 문까지 쾅쾅 두드린다. 행여나 곤히 잠든 아이들이 깰까 싶어 후다닥 문을 열었다. 문은 쉽게 열리지 않았다. 홍조를 띤 남편이 장난을 치고 있는 게 분명했다. 가뜩이나 카드 결제 내역 문자를 받아 부쩍 화가 나 있던 터라 냅다 문을 밀었다.

  익살맞은 남편은 호락호락하지 않았다. 뒤춤에 무언가를 감추고는 비틀거리면서도 꼼짝없이 그대로 서 있었다. 이 인간이 또 뭘 사 왔나 싶어, 고개를 이리 기웃 저리 기웃 해봐도 요리조리 잘만 피한다. 이거 원, 이번에는 잽싸게 거실 안으로 들어가 손에 든 것을 바닥에 툭 던지더니 그대로 벌러덩 드러누웠다.

  연한 분홍빛이 감도는 장미꽃다발이었다. 센스 넘치는 포장지로 감싼 장미꽃은 그야말로 은은하고 더없이 풍성했다. 흠점이라면 분홍 장미는 빠른 속도로 매력을 잃어간다. 한눈에 봐도 생기를 잃은 듯 흐물거렸다. 하지만 감히 범접할 수 없는 꽃의 여왕 아닌가. 향기라도 실컷 음미해보겠다 싶어 흠흠 코를 갖다 댔다. 순간 꽃잎이 파르르 떨렸다.

"자기야, 꽃잎이 신기하게 움직여!" 내가 화들짝 놀라 말했다.

"거봐, 내가 산 건 뭔가 특별하다니까." 남편은 혀 꼬부라진 목소리로 의기양양하게 답했다.

관찰자의 면밀한 자세로 좀 더 가까이 안을 들여다보았다. 무얼까, 자연의 위대한 발견인가. 몸부림을 치고 있다, 아등바등, 정체 모를, 벌레 한 마리가. '엄마야' 비명을 지르며 나도 모르게 꽃다발을 휙 내던졌다. 심야에 히치콕 감독의 영화를 관람하는 만큼이나 간담이 서늘했다.

쌍둥이를 출산 후 몇 달이 채 되지 않을 때였다. 늦은 밤 간신히 아기들을 재울 즈음 어마무시한 바퀴벌레를 목격했다. 오죽했으면 주무시고 계시는 시어머니에게 도움을 요청했을까. 벌레라면 소스라치는 나다. 조그만 벌레 한 마리에도, 하물며 검정 비닐봉지 조각만 얼핏 봐도 벌레인 양 호들갑을 떨다 가족들의 빈축을 샀다.

남편은 이미 잠든 지 오래였다. 차마 벌레를 끄집어낼 엄두가 나지 않아 거실 한 귀퉁이에 치워뒀다. 불안은 나의 수면마저 무력화시켰다. 스멀스멀 기어 나와 여기저기 배회하다 몸에 안착할까, 지레 겁이 났다. 아름다운 장미꽃다발 아닌가. 할 수 없이 후미진 현관문 못에 매달아 놓았다.

매달려 있던 장미꽃은 그대로 곤두박질쳤다. 밤사이 다발 안의 장미 줄기와 가시는 한참이나 썩어 들어가는 듯했고, 꿈틀꿈틀 기어 다니는 벌레에다 날벌레 여러 마리까지 바글거렸다. 심지어 작은 분변도 바닥에 싸놓은 행태를 일삼았다. 이 처참한 몰골의 꽃다발을 어떻게든 신속히 해치워야 했다. 울상 진 얼굴로 마지못해 비닐장갑을 끼고 헛구역질을 하며 간신히 쓰레기봉투에 쑤셔 넣을 수 있었다.

곰곰이 생각해보니 남편의 화도 이해는 갔다. 장미꽃을 좋아하는 아내라 일부러 깜짝 선물을 준비했을 것이 분명했다. 이런 상황도 모르고 자존심마저 무참히 버려진 꼴이라니. 설마 상술에 눈이 어두워 시들어 썩어가는 꽃을 판 건 아닐 테고, 꽃을 파는 이도 양심이 허락하는 내에서 어떤 방법으로든 남편의 주머니를 가볍게, 더불어 자신의 발걸음마저 가볍게 했으리라.

오해의 측면에서 더 이상 캐묻지 않았다. 이해의 측면에서 더 이상 말하지 않았다.

꾀꼬리를 탐하다

 여느 때처럼 봄은 찾아왔다. 하루를 여는 아침, 한달음에 거실 베란다 쪽으로 다가간다. 창밖으로 담뿍 담긴 숲의 정경. 저항할 수 없이, 온전히 내 시선을 붙든다.
 서둘러 창문을 연다. 거침없이 꺽꺽 토해내는 까마귀, 한껏 입을 벌려 입담을 쏟아붓는 까치, 찢어질 듯 잔소리를 연거푸 퍼붓는 직박구리, 청량하기 이를 데 없는 영롱한 목소리의 딱새, 참새와 견줄 만한 박새들은 '삐쮸삐쮸 주주치치' 다양한 소리를 구사한다.
 가만! 그 틈을 비집고 나의 심장을 연달아 훔치는 이. 낯선 소리에 코를 벌름거리듯 귀를 치켜세운다. 의문을 품고 소리를 더듬었다. 낯섦은 탐험의 여정을 알리는 서막이다. 탐색전이 펼쳐졌다. 낯선 소리는 명확했다. 모호함이 갖는 마음이 곧장 행동으로 옮겨졌다.

너는 가히 독보적이다. 과시나 자만 따위도 없다. 대놓고 드러내지 않을 뿐, 묵묵히 존재감을 표출한다. 충분한 설렘과 탈탈 털린 감정에 따라 줄기차게 영상을 담아둔다. 음미한다. 좀 더 세밀히 망원경을 동원한다. 너는 단조로운 음이 아닌 목소리를 자유자재로 휘두를 만한 여유를 부리는 울대를 가졌다.

나는 선명하고도 확실히 너의 이름을 부른다. 너무 친숙해 아껴두고픈 이름 '꾀꼬리'다. 아무렴, 보편타당한 귓맛이 일품이지. 이유 있는 꾀꼬리의 출현, 살포시 꺼내놓는다.

조선 후기 김홍도가 그린 「마상청앵도馬上聽鶯圖」를 보라. 따스한 봄날, 한 선비가 동자가 이끄는 말을 타고 가다 발을 멈춘다. 마르고 야윈 버드나무에 파릇파릇한 가지 위로 꾀꼬리가 존재를 과시한다. 짙은 눈썹에 샛노란 옷맵시까지 어찌 저리 고울까. 말 위에서 한껏 고개를 젖힌 선비가 바라본다. 동자도 본다. 넋을 잃은 듯 줄곧 본다. 한층 더 가까이 듣는 아름다운 꾀꼬리의 음률, 한없이 그윽함을 머금는다.

꾀꼬리를 탐하다

송홧가루 날리는
외딴 봉우리

윤사월 해 길다
꾀꼬리 울면

산지기 외딴집
눈먼 처녀사

문설주에 귀 대이고
엿듣고 있다

— 박목월, 「윤사월閏四月」 전문

정적이 깃든 숲은 더 절실할 수밖에 없다. 송홧가루 흩날리는 봄날이면 감성을 덧입혀 소리의 질감을 느낀다. '히요, 호호 호이오.' 플루트나 오카리나 연주를 연상케 하는 천상의 목소리. 휘감을 듯 감각의 유희에 매료된다. 짝을 구하기 위한 수컷의 노래는 더없이 수려하다. 높은 나무 위에서 한껏 맑고 고운 목소리를 과시하다, 짝을 만나 아기 새를 키우면 신분을 감추는 요령을 보이는 녀석 아닌가. 아, 눈먼 처녀가 따로 있을쏘냐. 듣는다. 마냥 듣는다. 속절없이 듣는다. 애달프다.

꾀꼬리의 애틋한 연정에 봄날은 따사롭게 피어난다.

소리가 아닌 소리

 이번 여름감기는 상당히 지독했다. 보통 때와 다르게, 온몸에 열이 나고 뼈 마디마디가 쑤시는 데다 가래 섞인 기침까지 쏟아져 나왔다. 꿀꺽 침을 삼키는데도 꼬부랑 고갯길을 넘는다. 굳게 차단한 성대까지 초비상사태다. 자구책 마련이 절실하다.
 시급히 병원에 가야 할 듯싶다. 하필 아이들이 유치원에 가지 않는 토요일이다. 요구사항은 왜 그리 많은지 따박따박 늘어놓기 바쁘다. 황금 같은 주말, 당장 맡길 만한 이가 없다. 할 수 없다. 아이들이 좋아할 만한 TV 프로를 틀어주고, 달달한 간식거리를 옆에 놓아두었다. 연락처를 적어 혹

무슨 일이 생기면 전화하라는 손짓까지 곁들였다. 꼬맹이들은 이미 TV 만화에 푹 빠져 과도한 나의 몸짓은 안중에도 없었다.

서둘러 병원에 도착했다. 접수대에 앉아 있는 여직원이 "성함이요?" 묻는다. 이름 석 자쯤이야 명확히 나올 줄 알았다. 입만 자꾸 달싹거리니 초조하고 답답하기는 직원도 마찬가지다. 의사소통 수단은 언어만 있는 게 아니다. 바로 종이를 건넸다.

여름철이라 대기 환자는 많지 않았다. 그사이 얼마나 지났다고 아이들에게 전화가 걸려왔다. '여보세요'가 빈 껍질처럼 바싹 말라 퍼석했다. 몇 번이나 달싹여도 엄마가 전화를 받지 않는다며 뚝 끊는다. 우는 것도, 고자질도 아닌 걸 보니 심심한 찰나 호기심에 걸었던 모양이다.

진찰실에 들어가기 전, 아픈 부위를 종이에 적었다. 종이쪽지는 터무니없이 빈약했다. 의사는 건넨 쪽지를 쓱 훑어보고 몸 여기저기를 살폈다. 편도가 많이 붓고 몸 상태가 상당히 나쁘다며 링거 한 대를 맞는 게 좋겠단다. 마음 같아서는 천근만근 무거운 몸을 잠시나마 약 기운에 내맡기고 싶었다. 별수 없다. 엉덩이 주사로 대신하고 약 처방전을 받았다. 병원에서는 당분간 말하지 말고 따뜻한 물을 자주 마시란다. 부랴부랴 약봉지를 들고 집을 향해 전력 질주했다.

거실 문을 연 순간 경악했다. 작은 방에 있던 네 개의 블록 상자가 거실 바닥을 휩쓸었다. 과자봉지와 부스러기들이 소파 위까지 뒹굴어 있고, 서랍마다 있는 힘껏 혀를 쑥 내밀었다. '야' 버럭 고함을 질러댔지만, 괜히 헛물만 켠다. 시원스레 말 한마디 툭 내던지면 좋으련만, 콩콩 머리를 쥐어박고 손짓 발짓 어서 치우라고 윽박질렀다. 아이들은 뿔난 엄마의 팬터마임을 관람하듯 연신 깔깔댔다.

전화벨이 울린다. 쉼 없이 울려대는 소리에 아이들끼리 서로 받으라고 미루다 결국 끊겼다. 다행히 벨은 두 번 다시 울리지 않았다. 이번에는 휴대전화 차례다. 제발 광고 전화이길 바랐다. 친정 엄마다. 아마도 집 전화를 받지 않아 휴대전화로 다시 건 모양이다. 난데없는 쇳소리로 엄마의 걱정거리 하나를 얹어 놓은 격이다. 여동생에게 문자를 보내 엄마를 안심시킨다.

남편은 아예 입을 꾹 다물고 있으란다. 오히려 집이 조용해지고 입에 붙은 잔소리가 사라졌다며 내심 기꺼워하는 눈치다. 나름 효율적인 방책으로 글자를 써 남편의 얼굴에 들이밀었더니 도무지 거들떠보지도 않는다.

 나는 왜 그토록 말을 하려고 애썼을까. 잠시 목을 쉬게 놓아두었더라면 좋으련만. 그저 언제쯤 목소리가 나오나 노심초사하며 애써 목을 가다듬었다. 아마도 목은 내게 그만하라고 악다구니를 쳤을지 모른다.

 말썽을 부리고 떼를 쓰는 아이들에게도 매한가지다. 잠시 숨을 고르고 화를 억누르고 있으면 좋으련만 나오지 않는 목소리로 끝까지 바람을 일으켰다. 아이들은 두꺼운 외투를 꽁꽁 여미며 마음의 상처마저 감싸 안으려 애썼을 거다. 바람이 훑고 지나간 자리가 왠지 모르게 씁쓸했다.

 말하는 행위의 부자유가 스스로 나를 의식한다. 자연스레 입을 다물고, 쓸모 있게 행동하는 일에 시동을 걸었다. 안으로 안으로 꾹꾹 밀어 넣은 말들과는 사뭇 다르다. 아무것도 아닌 게 아닌 기억하지 못할 침묵을 실천하는 날이라고 말하리라.

 집 안이 잠잠하다. 매일 읽어주던 동화책은 책장에 그대로 꽂혀 있고, 보다 못한 아이들은 새로운 놀이를 찾아 나섰다. 이따금 일부분의 말을 건네는 소리만이 정적을 깨웠다. 툭툭 말을 가로챘던 내가 놀랍게도 너불너불 샘솟듯 쏟아지는 아이들의 이야기 소리에 주춤주춤 무언의 언어로 답한다. 내가 말한다, 너도 말한다. 내가 말하지 않는다, 너 또한 말하지 않는다.

목소리가 다시 나온 날, 나는 평범한 일상으로 되돌아왔다. 외투를 걸친 이들에게 때로는 따사로운 해가 되고 때로는 굵직한 바람이 된다. 그래, 어서 말해봐.

그 자리

집이 달라졌다. 시골 한 모퉁이에 새로 지은 빨간 벽돌의 양옥집, 그 자리가 바로 우리 집이다. 구색을 갖춘다며 오빠가 소파 하나를 구입했다.

터무니없이 긴 소파는 놓일 자리가 마땅치 않았다. 마당으로 향하면 피고 지는 꽃과 나무로 눈이 호강할 텐데 부엌 입구를 단단히 막아버린다. 현관 쪽은 안방과 건넛방까지 봉쇄당할 처지다. 결국 마당으로 난 큰 창문에 놓인 소파는 푸진 햇살을 등지고 부엌 쪽으로 향했다.

아버지는 낯선 손님에 적잖이 반색했다. 복닥복닥 자리에 앉아 이야기꽃을 피울 생각에 달뜬 마음도 잠시였다. 소파의 한쪽 자리에는 아버지가 즐겨 입는 옷가지와 소지품이 들어찼다. 안방에 있던 재떨이까지 놓이니 누군들 곁에 앉을 엄두조차 내지 않았다. 일 년에 서너 번 찾아와 천방지축 날뛰는 손주들의 놀이터가 되는 게 고작이었다.

현관문이 열린다. 들일을 마치고 돌아온 아버지는 진흙으로 뒤덮인 고무신을 툭툭 털어낸다. 거실 미닫이문이 쫓기듯 성급히 열리고, 아버지는 발판에 서너 번 쓱쓱 발을 비빈다. 흙이 제대로 씻겨나가지 않은 발을 옮길 때마다 얼룩이 지천이다. 매번 엄마의 끝없는 잔소리와 가자미눈에도 달라지는 게 없다. 고단한 바지가 축 늘어져 거실 바닥에 먼저 눕는다. 이내 아버지는 소파에 걸쳐 놓은 파자마를 주섬주섬 챙겨 입는다.

아버지가 소파에 앉는다. 다리를 포개고 굳게 입을 다문 채 물끄러미 앞만 바라본다. 대쪽 같은 성품 때문이랄까, 한 치의 흐트러짐 없이 허리마저 곧추세운다. 술이 잔뜩 취해도 그 자리에 눕는 법이 없다. 매번 문뱃내를 풍기며 휘청휘청 비틀비틀 안방에 몸을 누였다.

아버지는 유독 소파에 즐겨 앉았다. 초저녁잠이 많은 엄마는 화장실에 가려다 아버지를 보고 소스라치듯 놀란 적이

한두 번이 아니었다. 비스듬히 기대 잠이 들었더라면 모를까, 불 꺼진 칠흑 같은 어둠 속에서도 긴 시간을 우두커니 앉아 움직일 줄 몰랐다. 차디찬 겨울에는 보일러를 틀지 않아 까치발로 방에 들어갔다. 여전히 아버지는 허연 입김을 내뿜으며 좀처럼 자리를 뜨지 않았다. 보다 못한 엄마가 그만 들어오라고 채근해도 요지부동이었다.

직장생활을 하며 저녁 설거지를 하고 있을 때였다. 등 뒤에 내리꽂는 아버지의 시선이 부담스러워 손놀림이 빨라졌다. 아버지가 술이 얼큰하게 취해서는 "직장생활 힘들지?" 묻는다. 그렇다고 심드렁하게 답하자, 힘든 게 당연한 거지 약해빠진 소리 한다며 타박했다.

다른 시간의 저녁, 설거지를 하는 와중에 아버지는 늘 처음처럼 직장생활이 힘든지 물었다. 이번에는 힘든 게 전혀 없다고 다부지게 말했다. 아버지는 도리어 직장생활 하는 게 쉬운 게 아니라며 당신 앞에서 거짓말을 늘어놓았다고 된통 면박을 줬다. 번번이 똑같은 질문에 "뭐, 조금 그렇죠. 힘들어도 열심히 할게요." 두루뭉술하게 얼버무렸더니 반박할 말이 없었나 보다. 이후에도 직장생활을 하는 내내 부녀지간의 고루한 질문과 답은 감정의 끈 없이 계속되었다.

아버지는 종일 소파에 앉아 가족들의 동선을 살폈다. 화장실에 갔다 나오면 허투루 물을 쓴다, 방의 불은 왜 밤새도록 켜져 있느냐, 틈만 나면 이런저런 지청구만 쏟아냈다. 어느 순간부터 아버지의 말들이 방문이 닫히며 싹둑 잘려 나갔다.

각다분한 아버지의 삶이 지쳐서일까. 담배를 피워 물고 고즈넉이 창밖을 쳐다보는 일이 잦았다. 창문을 꼭꼭 여민 거실에 담배 연기가 자욱할 때면 저절로 이맛살을 찌푸렸다. 필터만 남은 담배꽁초가 수두룩 재떨이에 널브러져 있을 뿐, 기세 좋던 당당한 모습이 허공에서 떠돌다 연기처럼 사라졌다.

하루하루 세월이 흘러 아버지도 소파도 나이를 먹었다. 따가운 햇볕에 색이 바랜 데다 담뱃불로 군데군데 구멍 난 자국까지 볼썽사나웠다. 새로 산 소파를 들여놓자 멀쩡한 것을 쓸데없이 바꾼다며 아버지는 볼멘소리를 냈다. 아버지와 상큼한 오렌지빛 소파의 첫 만남은 어색하지 않았다. 상실의 아쉬움도 잠시, 그저 당신은 어떤 것이든 그 자리에 있는 한 초연히 받아들일 준비가 된 듯했다.

결혼 후 소파를 새로 샀다. 단지 물건 하나 바꾸었을 뿐인

데 분위기가 확 산다. 아이들은 폴짝폴짝 뛰어도 보고 누워도 보며 호들갑이다. 나도 깊숙이 등을 기댄다. 아늑하다. 시름마저 차분히 내려앉는다. 꼼짝하지 않는다. 아버지의 남루한 행색이 소리 없이 소파에 몸을 맡겨 아득한 시선으로 채워 나간다.

 기다란 소파가 유독 더 길어 보인다. 아버지는 왜 틈만 나면 이곳에 앉았을까. 텅 빈 거실 안 후덕한 소파에다 쓸쓸히 속내를 드러내며 혼자만의 시간을 즐겼으리라. 생각해보면 그 자리는 아버지의 고집과 아집으로 쌓은 견고한 성벽이 아니라 가족을 지켜주는 든든한 울타리였다.

 온천천을 거닐다 딸아이가 저 새가 무슨 새냐며 손가락으로 가리킨다. 유난히 큰 키에 가녀린 몸, 지나치게 긴 목과 부러질 듯 가는 다리가 눈에 띈다. 왜가리 한 마리다. 하천에 날아오는 흰뺨검둥오리 떼나 짝을 이룬 백로들과 달리 종종 홀로 이곳을 찾는다. 미동도 하지 않은 채 그 자리에 서서 한곳을 응시한다. 움츠렸던 목을 길게 늘이며 저벅저벅 걷는 몸짓이 흡사 아버지의 모습 그대로다.

 움푹 팬 아버지의 오랜 그 자리가 새의 둥지를 닮았다. 새는 가르릉 소리를 내며 푸드덕 긴 날개를 펼쳐 어딘가로 날아간다. 나는 물기 어린 눈빛으로 애정을 담아 하염없이 바라보고 또 바라본다. 그 자리에서.

4부
—
떠오른

등을 밀다

유년 시절 한겨울의 추위가 콧등에 내려앉는다. 겹겹이 옷을 껴입은 아이들은 소매를 걷어 올릴 새도 없이, 찔끔 고양이 세수를 한다. 옷깃에는 새까만 더께가 엉겨 붙어있고 얼룩진 소맷부리는 닦아놓은 콧물로 마를 날이 없다.

어스름 저녁 엄마가 바빠졌다. 부지런히 아궁이 양쪽에 검불을 집어넣고 있다. 큼지막한 가마솥에 한가득 물이 끓는다. 부산한 몸놀림이 부담스러운 듯, 떡하니 옆에 붙어있는 작은 솥에도 하얀 김이 천장으로 솟구쳐 오른다.

식구들의 목욕물을 준비하는 참이다. 엄마는 두툼한 장작개비를 엇비슷하게 올려놓고 슬그머니 부엌문을 연다. 수돗가에 줄곧 머문, 허리까지 닿는 고무통을 이리저리 굴려 가까스로 문지방을 넘는다. 칼바람이 냉큼 부엌 안으로 따라 들어온다.

목욕할 때마다 맨 처음 오빠, 다음으로 언니가, 마지막에는 나와 동생이 늘 함께 통 안으로 들어갔다. 살을 에는 추위와 꾀벗은 몸이 부끄러워 쭈뼛거리는 자식들의 팔을 엄마는 무럭대고 잡아끈다. 제대로 먹지도 입지도 못한 가냘픈 몸피가 엄마의 가슴팍에 쏠린다. 탄력을 잃은 손등의 살가죽이, 가뭄에 쫙쫙 갈라진 논바닥 같은 거친 손이 그대로 때밀이수건이다. 겨드랑이를 밀고 목 때를 벗겨낼 때마다 저절로 몸이 오그라든다. '철썩' 엄마의 매몰찬 손에 비명이 절로 난다.

제일 만만한 등을 미는 순간이다. 가려운 등을 시원스레 훑어가며 밀어대니 등 긁개도 가당찮다. 물이 점점 식어갈 즈음 엄마의 손이 일사불란하게 움직인다. 빈농의 아내로 논농사를 거들고 밭을 일구느라 엄마는 자식들에게 다정한 말 한마디, 포근하게 감싸줄 여유마저 사치이자 허영이었다. 점점 자라는 자식들의 몸을 구석구석 씻기는 일로 위무받고 싶었을까. 숭덩숭덩 머리카락이 잘려 나가듯 통 안에

포진해 있는 때가 수면 위를 둥둥 떠다녔다.

시푸르딩딩한 입술로 우리는 너나없이 딱딱 이를 부딪쳤다. 부르르 몸을 웅숭그려 떨며 허겁지겁 옷을 챙겨 입자마자 아랫목 이불 속으로 뛰어들었다. 뽀송뽀송해진 몸이 녹작지근하더니 까무룩 잠에 곯아떨어졌다. 발그레한 엄마의 두 볼에 훔훔한 미소마저 따뜻했다.

통을 가심할 차례다. 엄마는 무심한 남정네의 도움 없이 홀로 수돗가에 구정물을 내다 버리고 더러운 통을 마저 씻었다. 온몸이 한꺼번에 뻐근하다. 관절염에 걸려 퉁퉁 부은 손가락 마디마디가 욱신거린다. 목간하는 날이면 으레 당신은 잠들 때마다 활처럼 등을 휜 채 끙끙 앓느라 밤새 수잠에 시달렸다.

아버지의 등도 엄마의 몫이다. 번거롭게 매번 등목만 한다. 아버지는 잔뜩 땀에 전 윗옷을 훌러덩 벗는다. 큰 키에 비해 긴 허리가 대쪽 같은 고집을 닮아 잘록하다. 반면 강단 있는 뼈마디가 꽤 옹골지다. '후욱' 땀 냄새가 진동하자 인정사정 볼 것 없이 아버지의 등에 물을 끼얹는다. 쏟아붓는 물이 아깝다며 비누칠도 소용없이 두서너 바가지에 그만하라고 역정을 낸다.

엄마는 이따금 아버지의 등을 밀며 원망을 풀어냈다. 변변치 않지만 제사를 지내지 않는다는 이유 하나로 부모 없는 막내 아버지를 선택했다. 한마을에 모여 살면서 형님들 눈치 보느라 등 한 번 제대로 펴지 못한 채 숨죽이며 지냈다. 여자 팔자 뒤웅박 팔자라고 했거늘, 이때만큼은 홀라당 등껍질을 벗겨내고 싶었으리라. 아버지는 체면도 뒷전에 둔 채 쓰리고 따갑다며 외마디 소리를 내질렀다. 가슴 한편에 켜켜이 쌓인 절망과 회한의 흔적을 말끔히 씻어내듯 억척같은 엄마의 팔을 벗어나기 어려웠다.

새로운 감각의 변화가 찾아왔다. 샤워기가 달린 별도의 욕실이 지어질 무렵, 누구보다 엄마는 시원스레 등을 밀며 새뜻한 기분을 만끽하길 원했다. 욕실에 발을 들여놓기 무섭게 귀청이 떨어질 정도로 자식들의 이름을 번갈아 불렀다. 문을 열면 엄마의 펑퍼짐한 몸매만큼이나 살집 있는 등이 눈앞에 떡하니 자리했다.

번번이 나는 엄마에게 핀잔을 듣기 일쑤였다. 데면데면한 내 손이 닿으면 시원한 맛이 없고 야금박스럽지 못하단다. 벌게진 등에 생채기라도 내면 누구의 소행인지 대번에 알아챘다. 엄마의 등과 마주하는 내내 깔밋함은 찾아볼 수 없었다. 결혼해 타지에 가고 난 후 자연스레 엄마의 등과 멀리하였다. 멀어진 듯 외면했고 외면한 듯 멀어져 도외시했다. 다만, 긴긴 세월 가족의 등을 책임졌던 엄마의 널찍한 등이 세월을 업고 있다.

식탁 위 천장에 매단 전등이 이리저리 흔들린다. 소리 없이 허공에 흩어질 먼지 입자들이 등에 착 달라붙어 있다. 삶의 끈적임마저 겹겹이 쌓여 버겁다. 예사로 보이지 않아 식탁 의자에 올라 고무장갑을 낀다. 한 손으로 귀퉁이를 단단히 움켜잡고 다른 한 손으로는 세제를 잔뜩 묻힌 수세미를 희뿌연 등 부위에 갖다 댄다.

등을 닦는다. 조급한 성격 탓에 겁도 없이 벅벅 문지른다. 너무 무리한 힘을 가한 건 아닌가. 등은 거센 풍랑이 휘몰아치다 금방이라도 바스러질 것 같다. 다부진 동생처럼 세심하게 등을 민다. 그러다 화통한 엄마처럼 밀고, 언니처럼 힘들여 밀다, 깨작깨작 밀었던 나의 행동까지 곁들인다. 때가 한 꺼풀 벗겨지고 조금씩 모양새가 드러난다. 어느 순간 등을 닦는 게 아닌 등을 밀고 있다.

책상 위에 놓인 스탠드 독서등을 켠다. 허리를 굽히면 굽힐수록 등은 시야를 더 밝게 비춘다. 긴 세화 속에서 엄마의 등이 수굿하다. 시선이 닿지 않아도 어둑시근하면 으레 빛을 환하게 발하는 등, 일부러 등한시하며 눈여겨보지 않았던 등이 한데 어우러졌다. 온전히 자신의 본분을 다한다.

불현듯 등 언저리가 찌뿌듯하다. 줄곧 근지럽다. 긴 이태리타월을 등에 갖다 대고 분주하게 위아래로 움직인다. 손을 뒤로 가져가 마지막까지 안간힘을 쓴다. 당장이라도 잔약한 체구에 애달던 엄마가 살 좀 찌라고 지청구를 하며 버석거리는 손으로 등을 밀 것만 같다. 차마 뒤돌아볼 수 없어 안타까운 등을, 벌게질 때까지 밀고 또 민다. 묵은 덩어리를 닦아내니 살피듬 좋은 등이 훤하다.

관계자외 출입금지

 나쁘지 않았다. 서너 평 남짓한 이곳은 원래 일인용 병실로 쓰일 공간이었다. 미리 갖다 놓은 TV와 냉장고는 어딘가로 사라지고, 대신 여러 가지 약품들로 가득 찼다. 환자용 침대를 넣어둔 자리에는 책상과 컴퓨터, 프린터가 놓였다.
 오롯이 내 차지였다. '심사과'라는 부서명은 제법 거창했다. 심사실장이라는 직함이 있는 사원증도 받았다. 더군다나 "관계자외 출입금지" 표지판은 범접하기 힘들 정도로 아우라를 풍기는 이 층의 성역이다. 이곳은 사람들과 마주하는 게 아닌, 지극히 유기적 관계를 형성하는 이들만 소통할 수 있었다.

컴퓨터 안에는 병원 업무용 파일들이 수두룩하게 깔렸다. 종일 눈으로 읽고 손가락만 까딱거리다 보니 미니 오디오 소리만 정적을 깨웠다. 걸려오는 전화에 입을 열었고, 생명을 이어주는 화분 한 개와 함께 숨을 쉬었다. 이따금 간호조무사가 입원환자의 퇴원비 계산을 위해 문을 두드리거나, 소진한 약을 가지러 원무과 직원이 드문드문 들렀다. 록그룹의 브로마이드를 벽에 내걸어 위협을 주더니 헤비메탈을 틀며 머리를 위아래로 흔들어대자 단단히 별난 사람으로 통했다.

어쩌다 일 층에 내려가는 경우가 있다. 대기실에 앉아 있는 환자들은 하얀 가운을 걸친 내가 불쑥불쑥 진료실에 들어가거나 원무과와 물리치료실에 드나들자 '저 사람은 또 누군가.' 의아한 표정을 지었다. 종종 병원에서는 면허증소지자에 한하여 의료기사와 수술실의 보조직원이 흰 가운을 입는 경우가 더러 있다.

나만의 작은 공간은 마음껏 자유가 허락되는 곳이었다. 일하는 와중에도 어쩌다 찾아온 친구와 담소를 나누고, 무연히 창밖을 바라보며 서 있거나 피곤할 때면 아예 책상에 납작 엎드려 잤다. 교활하게 근무 태만으로 임하는 건 절대 아니었다. 공휴일이든 명절이든 매월 말일마다 평일은 늦은 시간까지, 주말은 평일인 듯 과분하게 일했다.

　무방비 상태의 문은 늘 조마조마했다. 가끔 최 원장이 회진을 돌다 맡은 일은 잘하고 있는지 들르거나, 원무과장이 직접 차트를 가져다 업무지시를 내렸다. 몸은 신속히 반응했다. 졸지 않은 척, 바쁜 척 능숙하고 민첩하게 꼿꼿한 자세를 유지했다.

　누구나 잠시 잠깐 쉼터가 필요하다. 잔뜩 몰린 환자들에게 지칠 대로 지친 물리치료사는 도피처를 구하듯 찾아와 힘든 일을 토로한다. 청소 담당 아주머니는 점심나절 휴식 시간마다 기독교방송을 들으며 명상에 잠겼다. 언제부터인지 묻지도 않은 당신의 결혼 이야기를 털어놓고 가정사를 끄집어냈다. 때로는 사는 게 재미없다며 창밖으로 담배 연기를 연거푸 뿜어대던 한 살 많은 여직원의 아지트였다. 병원 앞의 약국 아르바이트생은 시시때때로 들락거리며 농땡이를 쳐 내게 핀잔을 듣기 일쑤였다.

　문을 열면 우측은 주차장으로 통한다. 하필 좌측 바로 옆이 남자 화장실이다. 대부분의 입원환자들이 화장실 안에서 담배를 피우거나 담배를 입에 문 채 밖으로 나간다. 그들은 구석진 이곳을 하나의 창고라고 여겼다. 어쩌면 '관계자외 출입금지'라는 문구가 들어갈 수 없는, 아니 금기시되는 곳이라고 생각했을지도 모른다. 어쩌다 방문을 열어젖혀 흰 가운을 입은 내가 나타나니 자못 놀라는 눈치다.

누군가 미지의 세계를 찾아 나섰다. 환자복을 착용한 젊은 남자였다.

"실례가 되는 건 알지만 도대체 여기는 뭘 하는 곳입니까?" 환자들 사이에서 궁금증이 증폭되었나 보다. 중책을 떠맡았나, 나름 예의를 갖춰 정중히 물었다. "저, 여기 들어오시면 안 되는데…, 퇴원비를 계산하는 곳이에요." 갑작스러운 방문객에 놀라 나는 궁극적인 업무에 관해 더듬거리며 말했다. "간호사가 바쁠 때는 직접 물어보면 되겠군요." 환자는 은근슬쩍 면밀하게 곳곳을 둘러보다 병실로 돌아갔다.

보통 교통사고나 일을 하다 재해를 입어 수술을 받은 사람들은 꽤 오랫동안 입원 치료를 한다. 환자들은 환자이길 원하지 않았다. 금지와 허용의 범위는 불투명했다. 그때부터였을까, '관계자외 출입금지'라는 문구가 무색하게 환자들이 조심스럽게 발을 들여놓았다. 그들도 얼마간은 퇴원비가 궁금했었다.

병원에는 환자와 환자가 아닌 자가 있다. 단지 구분을 지어 서로 다른 옷을 입었을 뿐, 나 또한 환자가 되어 진료를 받는다. 의도치 않은 일로 고통받는 육체, 병원 생활은 또 하나의 일상적인 삶에 대한 '관계자외 출입금지'였다. 어느 순간 이곳은 또 하나의 관계 수로였다. 그들은 환자복을 걸친 채 가장 단편적인 이야기를 꺼냈다. 퇴원하고 난 후에도 찾아와 못다 한 이야기를 마저 풀어냈다.

한두 해의 시간이 지났다. 분주했던 병원은 확장 개원으로 경영이 극도로 나빠졌다. 분산된 환자의 수는 날이 갈수록 줄어들었고 덩달아 병원 인원을 감축했다. 나도 예외는 아니었다. 일 층 접수실을 왔다 갔다 업무를 거들며 자리를 비우는 시간이 많아졌다.

여러 사람의 발길이 뜸해졌다. 적은 인원에 훨씬 더 바삐 움직여야 하는 물리치료사도 보이지 않았다. 빨간 루주가 잘 어울렸던 청소 아주머니는 부득이 일을 그만뒀다. 브로마이드는 한쪽 끝이 너덜거려 해체 위기의 그룹인 듯 위태로웠다. 종일 위로가 되었던 오디오는 한쪽 구석에 밀어 놓은 지 오래였고, 분주하게 움직인 탓에 화분은 깨져 흔적도 없었다.

잠시나마 외로이 떠 있는 조그만 섬에 닿는다. 이 작고 협소한 공간에 병원과 관계되었던 다양한 구성원이 하나하나 모여 전체의 구도를 만들었다. 발길이 멈춘 이곳에 무거운 정적만이 흐른다. 무언가를 기다리듯 뒤돌아서다 나의 눈은 '관계자외 출입금지' 표지판에 머문다. '쾅' 문이 닫힌다.

사·자·어·금·니

철제상자는 하찮다. 파란색이었나 의구심이 들 정도로 닳고 닳아 번들거린다. 여러 번의 충격에 찌그러진 모양새 또한 볼썽사납다. 세월에 묻어난 녹이 중간중간 머물고 아귀가 맞지 않아 사뭇 뻑뻑하다. 한껏 사투를 벌이다 아버지의 힘 있는 손길에 맥을 못 춘다.

해묵은 물건들이 상자 안에 오밀조밀 모여 있다. 보통은 엄마에게 요긴한 잡동사니로 그득하다. 출처를 알 수 없는 각양각색의 단추들, 번번이 늘어난 허리춤에 고무줄을 끼워 넣는 도구로 사용하는 옷핀, 붙박이 용 진갈색의 자잘한 못, 뜯어진 이불이나 양말을 꿰매느라 상자 밖을 분주히 드나드는 서로 다른 크기의 바늘이 난잡하게 흩어져 있다.

그 사이에 아버지의 인감도장이 시선을 나눈다. 까만 도장은 당신의 흔들림 없는 모습처럼 견고하다. 가족들의 도장 없이 외따로 위풍당당 위엄을 앞세운다. 당신 도장은 감히 범접하기 어려운 아버지 그 자체다. 상자는 슬며시 안방 장롱 위 제한된 공간에서 가족들만의 영역을 확보한다.

키가 훤칠한 아버지는 별 무리 없이 상자를 꺼낸다. 다른 이들은 까치발을 들다 종종 상자를 쏟기 일쑤였다. 누가 볼세라 아버지는 매번 상자를 장롱 위 깊숙이 묻어두었다. 하필이면 그 케케묵은 상자에 담아 두려고 했을까. 더 이상의 변화를 허용하지 않는, 늘 그 자리가 익숙한 아버지의 아집이 확고하게 엿보인다.

ATM기기를 이용하기 난처한 어르신들에게 도장은 필수품이다. 아버지의 도장은 주로 은행에서 현금을 찾을 때 사용했다. 이따금 마을 이장 아저씨가 농촌 진흥청에서 필요한 동의서를 받기 위해 몇 장의 서류를 내밀었다. 아저씨의 간략한 설명은커녕 서류도 보는 둥 마는 둥 온전히 신뢰 하나로 아버지는 성큼 도장을 찍었다.

아버지는 도장을 찍을 때마다 항상 인주를 사용했다. 인주는 선홍빛 루주처럼 진하디진했다. 탁탁탁 손에 힘을 줘 인주를 묻힌 후 뜨거운 입김을 한껏 몰아넣는다. 왼손까지 얹어 도장을 꾹꾹 누른다. 지나치리만치 너무나 선명하다. 뜨뜻미지근한 것을 꺼리고 호불호가 분명했던 아버지의 완고한 성격이 여실히 드러난다.

난처하게도 자전거를 타고 가던 엄마에게 교통사고가 났다. 갑작스러운 엄마의 입원이 아버지를 한없이 허허롭게 했다. 혼기가 꽉 찬 무뚝뚝한 딸과의 대화는 별다른 의미도 진전도 없었다. 내가 할 수 있는 일은 고작 끼니때마다 밥상을 차려내는 것뿐, 엄마가 없는 빈자리를 대신하기에는 턱없이 서툴렀다.

이내 아버지는 동네 점방에 매일 출근 도장을 찍었다. 유독 음주를 즐겨하는 아버지의 걸음걸이가 방향을 잃고 비틀거렸다. 집에서 홀짝이는 술이 더더욱 쓸쓸했는지 마실을 나간답시고 가게를 찾는 날들이 잦았다. 오래전 남편을 잃고 자식들마저 품을 떠나 홀로 고향을 지키는 아주머니가 가게 주인이었다. 끊임없이 반복되는 아버지의 넋두리에 대거리하며 막걸리 여러 병과 안주를 더해 팔았다. 덩달아 아주머니 또한 쓸쓸함을 한 꺼풀씩 덜어냈으리라. 의도치 않게 도시에 사는 이모들은 아버지가 아주머니와 정분이 났다며 의혹의 눈초리로 쏘아보았다.

더군다나 엄마는 재수술로 인해 입원 기간이 부쩍 길어졌다. 엄마의 오랜 부재로 문갑 위에는 군데군데 색이 바랜 우편물이 수두룩하게 쌓였다. 그중 N 은행에서 날아온 꽤 낯선 아버지의 우편물이 보였다. 대수롭지 않게 북북 찢었다. 시선이 중간쯤 머문 찰나 '대출금 팔백만 원 농어가 목돈'이라는 내용에 멈칫했다. 팔십만 원도 아닌 팔백만 원은 시골 어르신들에게는 몇백만 배의 값어치가 있는 어마무시한 모갯돈이었다.

실로 의문스러웠다. 남의 돈을 빌릴 분이 아닌데 왜 이런 고지서가 날아왔을까, 누군가에게 된통 사기를 당했나 싶어 불안감이 뒤덮었다. 용지를 건네받은 아버지는 당신 얼굴 위로 파랑이 일렁이듯 당황한 기색이 얼비쳤다. 찬찬히 기억을 더듬더니 삐걱대는 자전거를 몰고 황급히 골목 어귀를 벗어났다.

행여 잃어버릴세라 꼭꼭 여며 챙기던 도장이었다. 한때 큰딸네는 점점 가세가 기울어 친정의 도움이 절실히 필요했던 적이 있었다. 당신 자식에게도 꿈쩍하지 않던 아버지의 마음은 처절한 외로움에서 흔들렸다. 자식들이 벌여 놓은 일에 다급해진 가게 아주머니는 바쁜소리를 해가며 눈물을 점점이 찍어 댔을까. 급기야 상자를 연 아버지의 도장이 사자어금니가 되었다. 혹여 술기운에 도장을 건네주었는지 창창한 기억력이 이번만큼은 온데간데없다.

  모퉁이에 내몰린 도장은 지나치게 단단하고 차가웠다. 인주를 제대로 닦아내지 않으면 소위 도장밥이라는 두드러기가 생겨 여간 곤혹스러운 게 아니다. 아버지는 본래 사람 만나기를 즐겨하고 손님 맞기에 기꺼워하던 분이셨다. 그 일로 아버지는 위신이 서질 않았다. 언제부턴가 주위의 시선을 의식적으로 느낀 채 눈과 귀를 닫고 두문불출했다. 그해 늦은 봄, 간암 말기를 선고받은 아버지는 검버섯 가득한 얼굴에 동시다발적으로 쓰린 속이 더더욱 까맣게 타들어 갔다. 얼핏 입술 자국과 흡사한 도장부스럼처럼 아버지는 힘든 기색이 역력했다.

  병원에서 죽음의 사투를 벌이다 임종을 맞이할 무렵. 심지가 곧은 엄마는 아무 걱정 말라고 아버지의 손을 연신 부여잡았다. 세상이 뿌옇게 바뀔 찰나, 두 눈 가득 괴로움과 허망함 뿐. 긴 호흡만 몰아쉬며 듬성듬성 빠진 치아 사이로 새어 나오는 묵음. 쏟아붓고 싶은 말 대신 야윈 팔만 휘젓는다. 잔정에 배려랄까, 연분의 호의랄까. 가슴 밭에 씻을 수 없는 낙인을 새긴 아버지는 가녀린 숨소리가 잦아들 때까지… 눈은 미망의 상태로 허공을 응시하고 있었다.

일 층의 그늘진 베란다에 놓인 게발선인장 화분을 지그시 바라본다. 제 본분을 다하지 못한 자책감이 컸으리라. 어느 틈에 새빨간 꽃망울을 올망졸망 맺지 못한 채 무럭대고 이파리만 속절없이 자라는 도장徒長이다. 나는 가만가만히 잎을 닦아 슬몃슬몃 비쳐드는 햇살이 도망치지 않게 화분을 꼬옥 끌어안아 옮긴다.

점점이 수놓은 '참 잘했어요' 유치원생 딸아이의 칭찬 도장이 이곳저곳에서 활짝 웃는다. 모처럼 허공에다 '하아' 입김을 불어 넣는다. 도장은 또렷하게 선명했다. 거만하리만치 당당한 미소가 진하게 가득 번진다.

밤이 지나가는 소리

 저녁 메뉴는 삼겹살 구이였다. 허기가 많이 졌나 보다. 정육점의 고기 육질이 좋았는지, 평소보다 고기를 잘 구웠는지 훨씬 더 맛깔났다.
 차라리 목살이었다면 덜했을까. 비계가 도드라지게 많더라니, 늦은 저녁 카누 커피를 꺼냈다. 한 봉지를 몽땅 들이부은 머그잔의 커피색은 지나치게 짙고 어두웠다. 물의 양은 점점 더 늘어 잔이 출렁였다. 이게 화근이었다.
 오늘따라 뇌 신경이 제대로 활개를 친다. 말똥말똥하다. 깨어 있는 자는 작은 소리에도 민감하다. 밤은 소리를 잠식시킨다. 소멸한 소리는 누군가의 무의식 속에 서서히 파고든다. 잠귀가 밝다는 말이 실감 날 정도로 시각視覺을 잠재운다.

벽에 걸린 시곗바늘이 탈출을 감행했다. 수줍음을 뒤로하고 둔탁하게 똑딱이는 소리가 두드러진다. 술에 취해 잠든 남편의 미세한 입술의 떨림, 불규칙적으로 거칠게 내뿜는 코골이의 포효는 흡사 맹수의 울부짖음이다. 문틈 사이로 투덕투덕 고성이 오가는 소리는 거센 파도가 휘몰아치듯 사납다. 배고픔을 채워줄 환희에 찬 음식 배달의 오토바이 소리가 밤늦도록 제 역할을 다한다. 마음 놓고 질주하는 자동차의 소리 또한 가멸차다.

사랑의 욕망이 꿈틀대고, 긴박한 몸의 이상증세로 괴로움을 발설하는 시간. 난데없이 아픔을 토해내며 자지러지게 우는 아이 소리와 달래느라 쩔쩔매며 숨죽여 흐느끼는 부모의 나지막한 소리가 극명한 대비를 이룬다. 비로소 새근새근 잠이 든 걸까. 저절로 안도의 한숨을 내쉰다. 참으로 질서정연한 소리다.

새벽 한 시가 지났다. 벌써, 라고 치부하기에는 꽤 더딘 시간이다. 평온이 오갈 즈음 난데없이 아파트 주차장에서 '삐빅삐빅' 경보음이 울려댔다. 오 분, 십 분, 십오 분… 도통 멈출 기색이 없다. 모든 이들이 숙면을 취하고 있는 건지 내 귀만 불평을 늘어놓는다. 비릿한 공기가 몸을 에워싼다. 경비실로 내달렸다. 아뿔싸, 불 꺼진 경비실 안 아저씨는 이어 붙인 철제의자를 의지해 담요를 머리까지 뒤집어쓴 채 곤히 주무시고 계셨다.

소리의 정체를 쫓아 차 문을 다시 닫는다. 이제나저제나 양껏 울어 젖힌다. 한 시 삼십 분 혼돈의 시각, 차주에게 문자를 넣어도 보지 못할 확률이 높다. 별수 없이 전화를 걸었다. 낯선 번호라 그런지 통화음은 계속되었다. 마지막까지 놓치지 않는 집요한 벨 소리에 피로가 잔뜩 밴 남성의 목소리가 들렸다. 횡설수설 자초지종을 이야기하니 막힌 속이 뚫린 듯하다. 몇 분이 채 되지 않아 소음은 금세 사라졌다.

한바탕 소동에 도통 잠이 오지 않는다. 이른 새벽 출근하는 남편이 깰까 싶어 텔레비전도 켤 수 없다. 좀처럼 잠을 이루지 못하는 이가 또 있다. 벽을 타고 가늘고 길게 텔레비전 소리가 귀를 헤집는다. 들릴 듯 말 듯 불분명한 소리가 연이어 이어진다.

출처를 알 수 없는 소리가 궁금증을 증폭시킨다. 어디서 나는 소리일까, 무엇을 시청하고 있을까, 혹시 영화라면 엔

딩은 언제쯤일까, 이리하다 상대방의 수면 시간이 나의 수면까지 좌지우지할 요량이다. 어쩌다 잠 못 드는 밤 좋아하는 영화를 방영하면 최대한 소리를 낮춰 본 적이 있다. 누군가에게는 유쾌하지 않은 소음으로 작용했으리라. 새벽의 미안함이 서늘하다.

소리는 소리로 차단해야 한다. 사십여 분이 지나자 소리가 멈췄다. 이미 두 시를 훌쩍 넘어섰다. 책을 펼치려니 눈이 뻑뻑하고 따갑다. 이왕 잠 못 들 거라면 차라리 거국적으로 뜬눈으로 밤을 새워볼까 싶었다. 무슨 이벤트라고 할 것까지는 없지만 나름 의미를 둔다면 두는 거겠지.

온갖 방법을 다 동원해야 할 판이다. 가장 고루한 방법인 잠이 올 때까지 쉼 없이 양을 센다. 숫자에 골몰하고 집착하느라 더 잠 못 드는 건 아닌지 모르겠다. 미지근한 물로 샤워를 한다. 이 시간에 샤워라니, 물줄기 소리는 폭포수와 같은 굉음이다. 수면 유도 음악을 튼다. 쫄깃쫄깃 청량감 있는 음악을 듣다 보면 뭐가 다르긴 다를 게다. 고성에 가까운 소리를 질러대는 록을 좋아하는 내가 이런 장르의 음악이 가당치나 하겠나. 따뜻한 우유야말로 이 새벽에 소화를 시키기는 어렵다. 별나고 유난스러운 핑곗거리의 총체이다.

새벽이 뒷걸음질 쳤다. 공간을 떠돌며 시각을 집어삼키고 촉각과 청각을 유감없이 내놓는다. 낯선 시간을 또 하나의 여백을 담아 메우는 시간. 갖은 몸부림에 평온한 침대도 차디찬 마룻바닥이다. 깊이를 뚫고 적요寂寥가 흐른다.

의식의 절박함 앞에 나는 뒤척인다. 연이어 터져 나오는 하품과 고단함이 묻어난 탄식 소리, 긴 장막을 드리운 한밤은 새벽을 비껴간다. 그렇게 떠들썩하게 찾아 헤맨다. 한 잔의 커피가 가져다준 밤이 지나가는 소리를 기억한다.

감나무가 있는 그곳

 택배 상자를 열었다. 다소 묵직해 보이는 쌀자루와 당신이 손수 재배한 푸성귀, 참깨와 볶은 보리 등이 가득하다. 그 틈 사이로 감 네댓 개가 꿰차고 있다. 헛헛한 마음을 더해 상자는 숨 쉴 만한 여력조차 없다.
 모난 감은 겉보기와 다르게 크고 튼실했다. 며칠이 지났을까, 떫은 감은 먹기 좋게 속살이 말랑거렸다. 상한 부위를 걷어내고 잘 익은 쪽을 골라 한 입 슬몃 베어 물었다. 혀에 감겨드는 달보드레한 맛이 그대로다. 아련한 추억과 더불어 엄마의 노고가 묻어난 듯 애잔하다.
 실로 거창한 가을, 햇살을 듬뿍 담은 과실들이 소담스레 익어가는 계절이다. 유년 시절의 가을은 서럽도록 삭막했다. 외따로 우리 집은 휘우듬한 측백나무 한 그루만 뒷간 옆을 차지하였다. 혹여 묘목을 구했다 한들, 흔들리는 나뭇가지를 눈여겨 감상할 만한 장소가 마땅치 않았다.

감나무는 오밀조밀 황금 덩이가 매달린 듯 탐스럽게 빛이 났다. 마을 곳곳마다 주홍빛 감들이 먹음직스럽게 익어갈 무렵, 엄마는 유독 심부름을 자주 보냈다. 버젓이 마루 밑에 나뒹구는 호미와 낫, 됫박을 빌려 오거나 갖다주란다. 그것도 으레 둘이 갔다. 심부름을 가고 나면 좀 더 잘 익은 감나무로 눈길이 향했다.

배고픔과 빈곤은 수치스러움을 뒤로 한다. 결핍에서 오는 충족은 만족스러움이 배가 된다. 동네 어른들이 엄마의 알량한 자존심을 모를 리 만무하다. 알고도 모르는 척 훈훈한 인심을 보태 소쿠리나 비닐봉지에 감을 한가득 안겨 주셨다. 집으로 가는 길이 뒤통수에 닿는 오묘한 시선과 달리 한결 가벼웠다.

깨복쟁이 친구 집에도 수령이 오래됨 직한 감나무가 있었다. 산기슭의 비탈진 대나무 숲에 위용을 앞세우는 나뭇가지가 훨씬 더 하늘 가까이 닿았다. 감히 이 나무에 오른다는 것은 암벽등반 정도의 위험천만한 일이었다. 나름 긴 바지랑대를 휘둘러본들 어림도 없었다. 고작 댓바람에 떨어지는 감을 제법 빠르게 주웠다.

친구들에게 그것은 놀이의 한 종류에 불과했다. 감 따기는 절망에 가까운 희망이었다. 아이들은 금세 다른 놀이에 빠져들었다. 나는 한동안 그 자리에서 꼼짝도 하지 않았다. 고개를 젖혀 망연자실 감나무만 원망스럽게 쳐다보았다. 하늘은 유달리 새파랗다. 단지 눈이 부신 것뿐이라고, 찔끔 눈물이 나오는 것을 꾹 참았다.

경주 김씨 집성촌에는 아버지 형제분들이 모여 살았다. 아버지가 제일 막내였다. 첫째 큰집은 채마 밭을 가로지른 마당에 감나무가 한 그루 있었다. 첫째 큰아버지는 형제애가 남달랐다. 빤한 우리 집 사정을 잘 알고 있던 터라, 큰엄마 몰래 구색을 갖춘 반질반질한 감들을 포대 자루에 잔뜩 짊어졌다. 성큼성큼 팔자걸음으로 산타클로스의 인자한 웃음을 담아 연신 콧노래를 흥얼거리며 툇마루에 감을 와르르 쏟아부었다. 한동안 큰아버지의 익숙한 발소리가 집에 닿았고 큰엄마의 지청구는 그림자처럼 따라다녔다. 큰집의 감나무 가지는 서둘러 빈 몸을 드러냈다.

셋째 큰집은 나무들의 수를 헤아릴 정도였다. 뒤꼍에는 다보록한 앵두나무, 토실토실한 아름드리 밤나무, 앞마당에는 무려 감나무가 세 그루 있었다. 단연 으뜸은 단감나무였다. 카랑카랑하고 대쪽 같은 큰엄마는 정도를 지켰다. 그럴 만했다. 셋째 큰집 사촌 형제들이 다섯, 우리 집 역시 고만고만한 다섯 남매가 있었다. 열 명 남짓한 고종사촌들 가운데 옥이 언니는 행운의 여신이었다. 우연을 가장해 은근슬쩍 건네준, 오도독 아삭한 식감에 단물을 쏟아내는 단감을 맛보게 하는 그런 언니였다.

다행인지 불행인지 도로확장사업으로 우리 집은 건넛마을로 이사를 했다. 엄마는 꽃과 나무를 심을 만한 낙낙한 마당을 한번 휘둘러본다. 예상대로 가장 먼저 감나무를 심었다. 감나무가 한 뼘 두 뼘 자랄 즈음 오빠의 결혼 소식이 들렸다. 도시에 사는 안사돈께서 마당을 휘 둘러보시다 서너 개의 감나무 묘목을 사 오셨다. 훗날 손주들이 태어나면 시골에 놀러 와 감을 따 먹는 장면을 꿈에 그리셨다고, 모쪼록 잘 자랄 수 있도록 거듭 부탁을 하셨다.

친정 시골집 너른 앞마당은 여백을 가득 채운 전원풍경이다. 마당에 잔디를 심고 연이어 피고 지는 꽃밭과 다양한 종류의 나무들을 한가로이 감상할 수 있다. 심지어 다섯 그루의 감나무가 있다! 이십 년이 족히 넘은 나무들은 제법 튼실한 과실을 맺는다. 엄마는 무수한 감나무 잎사귀들이 쭉쭉 뻗은 가지를 매양 흔드는 마당가를 쳐다만 봐도 배가 두둑하다며 흡족해했다.

자식들은 하나둘씩 짝을 만나 홀연히 시골을 떠났다. 연이어 아이들이 태어나고 자라 이따금 시골을 드나들었다. 한없이 높아 보였던 나무는 훌쩍 키가 자란 아이들이 팔을 뻗으면 쉽게 닿았다. 오래전 아이들의 아이들은 앞다투어 감을 따지 않았다. 먹거리가 넘쳐나는 세상, 선택의 폭은 컸다. 손을 더럽힌다며 이맛살을 찌푸리고, 허리를 굽히거나 팔을 뻗는 약간의 고통도 불사하지 않았다.

감나무들이 한데 어우러져 초연히 서 있다. 나뭇가지는 육중한 무게를 견디다 못해 과도하게 축 늘어졌다. 감나무 앞에서 요리조리 꼬리를 흔들던 개도 생성과 소멸을 반복하다 어느 틈에 사라지고, 잔뜩 녹이 슨 허름한 개집에는 호박 넝쿨만 덩그마니 뻗어 가고 있다.

팔십이 다 되어가는 엄마는 묵묵히 자연에 모든 것을 내맡긴다. 각종 해충이 잎을 갉아 먹고, 모진 비바람에 속수무

책 감이 후두두 떨어져도 내색하는 법이 없다. 떨어트릴 수 있는 나무도, 떨어질 만한 공간도 내치지 않는다. 가까이 멀리 내려놓은 감또개를 쓸모 있게 줍는다. 허우룩한 가슴도 마저 삭힌다.

새벽에 서리가 내렸나 보다. 잎을 떠난 앙상한 가지에 매달린 감이 더욱 선명하게 빛을 발한다. 말랑말랑한 홍시가 되어 까치밥이 되어 주고 쓸쓸히 한겨울을 지킨다. 당신의 머리에 내린 하얀 서리처럼, 감나무도 그렇게 일생을 산다.

찬란한 용기, 당신을 응원하며

무엇이든 급속도로 변해가고, 쉽게 잊혀 가는 세상. 매스미디어의 파급효과는 실로 엄청나지. 디지털 정보화 시대에 가짜뉴스들이 판을 치는 혼돈의 상황 속에서 진실은 과연 어디쯤 있을까. 어느 게 진짜이고 가짜인가.

트루먼, 지구촌의 한 사십 대 여성이 <트루먼 쇼> 영화 주인공에게 편지를 쓸 줄 누가 알았겠나. 트루먼이라, true와 man을 조합한 듯 이름마저도 의미심장해. 기획자 크리스토프는 꿈과 희망을 준다는 전제하에 일생일대의 다큐멘터리를 만들며 말하지. 각본도 없고 큐 사인도 없다고, 이건 가짜가 아니라 진짜라고. 글쎄… 과연 그럴까!

트루먼, 이를테면 말이야. 유일하게 당신만 모르는 초대형 스튜디오에서 누군가 24시간 당신의 일거수일투족을 조종하며 생중계하고, 그것을 전 세계 시청자가 주시하고 있다면? 더구나 나 이외에 내 부모와 결혼한 아내, 심지어 믿고 의지한 친구마저 특정 배우라는 것을 알게 됐다면, 이 어마무시한 충격을 감내할 수 있을까.

미모의 아내를 둔 평범한 직장인 트루먼. 씨헤이븐이라는 작은 섬에서 서른 해를 사는 동안 늘 반복되는 생활이 꽤 무료했을 거야. 매일 아침 마주하는 이웃들과 유쾌하게 인사를 주고받고, 직장에 출근하면 오늘이 어제와 별반 다를 게 없어. 〈사랑의 블랙홀〉이라는 영화처럼 눈을 뜰 때마다 똑같은 하루가 무한 재생 반복되는 것보다 골치가 덜 아프겠지만 말이지.

트루먼, 당신은 공허한 일상을 벗어나고픈 거야. 대학 시절 첫눈에 반한 실비아를 잊지 못해 무작정 피지로 떠나고픈 마음. 오죽하면 그녀의 얼굴을 닮은 잡지 모델들을 스크랩해 간직하고 있겠어. 당신도 알아, 돈도 계획도 없이 피지로 떠난다는 게 불가능하다는 것을. 무턱대고 모험을 즐기자며 무모한 일을 벌인다고 판단한 아내 메릴은 현실과 이상을 구분하지 못한다고, 면박이나 주겠지.

트루먼, 당신은 유년 시절 풍랑 속에서 이별한 아버지와의 아픈 기억으로 물에 대한 극심한 공포가 있어. 크리스토프는 무모한 도발을 방지하기 위해 바리케이드를 치지. 아버지와의 추억을 트라우마로 각인시켜 온갖 방해 요소와 장치를 이용해 물은 아예 얼씬도 못 하게 제어를 해버려. 교육의 힘이 절실한 학교에서조차 탐험가를 꿈꾸는 어린 당신에게 교사는 더 이상 탐험할 곳이 없다며 희망을 불허해.

실비아는 실질적인 구원의 존재야. 최소한 양심적인 사람이라 당신에게 모든 진실을 말해줘. 이 모든 게 가짜 쇼라고, 누구의 말을 들을 필요도 없다고 말이야. 당신은 차마 깨닫지 못해. 현실에 와 닿지 않기 때문이지.『플라톤과 동굴 속 사람들』이라는 책의 플라톤처럼 실비아는 진리를 깨우쳐 주고 싶었던 거야. 빛으로 가득 찬 바깥세상이 따로 있다고 연거푸 외치는 플라톤처럼 말이야.

트루먼 당신은 아마 그때부터 의문을 품게 돼. 방송국 직원의 실수로 차 안 라디오에서 당신의 모습이 생방송 되는 것을 깨닫는 순간, 주위가 달라 보이기 시작했어. 문득 모든 게 다 의구심이 들 때, 당신은 필사적으로 이곳을 벗어나기 위해 몸부림을 쳐. 하지만 여의치 않게 크리스토프는 통제와 감시로 당신의 꿈을 가로막아. 여행사에 가면 비행기 표가 전혀 없고, 대체 수단으로 버스를 탔지만 이유 없이 고장이 나. TV프로에서는 집이 안전하다는 것을 강조하며 좌절시키기에 급급해.

그래, 답답하고 힘들 때는 친구가 역시 최고지. 점점 의문을 품은 당신은 제일 의지하는 친구 말론을 찾아가. 석양이 물든 끊긴 다리 위에서 고민을 털어놓으며 도움을 요청하고 위로도 받으려고 해. 친구는 어린 시절 함께했던 추억을 떠올리며 뭉클한 멘트를 크리스토프의 연출하에 연달아 날려. 아버지의 극적인 재회 장면도 전부 다 시청자들의 감동을 자아내게 하는 철저한 조작이었던 거야.

크리스토프는 시청자들이 궁금증을 해소하도록 직접 제작의도를 설명해. 트루먼을 위해서라며 말이야. 실비아는 알아. 트루먼 당신이 반드시 이곳을 탈출할 거라고, 그녀는 당신을 믿었기에 크리스토프와 당당히 맞설 수 있었던 거지.

방송국을 따돌리며 배를 타고 바다로 나아간 트루먼. 끊임없이 갈망하며 필사적으로 내 자아를 찾기 위해 고군분투하는 트루먼. 당신의 용기는 정말 대단해. 배 이름도 참 멋져. 아메리카를 발견한 탐험가 콜럼버스가 탔던 배 이름과 똑같은 산타 마리아호. 첫사랑을 찾아, 한층 더 근원적인 자유를 찾아 당신이 원하는 목적지 피지를 향해 폭풍우가 몰아치는 난관을 불사해. 트루먼 비로소 당신은 해냈구나. 끝까지 맞서 싸워 완벽히 물에 대한 트라우마를 없애다니. 아마도 크리스토프는 더는 당신의 의지를 꺾지 못하리라는 것을 감지하고 있었을 거야.

잔잔한 파도에 오롯이 온몸을 내맡기며 평온을 찾는 트루먼의 표정은 한결 편안해 보여. 하늘과 바다가 맞닿은 그곳에 다다랐을 때 벽을 두드리는 트루먼을 보니 『플라톤과 동굴 속 사람들』이라는 책의 동굴 속에 갇혀 있던 플라톤을 떠올렸어. 마치 더듬더듬 손으로 벽을 짚으며 동굴 밖으로 나아가는 플라톤과 흡사했지.

트루먼, 마지막이자 처음으로 크리스토프와 대면하게 돼. 크리스토프는 이곳이야말로 두려움이나 갈등 없이 온전하게 보호를 받을 수 있다고 선포해. 평생토록 안전이 보장된다면 섣불리 자유를 향해 나아갈 수 있을까. 시청자 모두 가슴 졸이며 당신의 선택을 기다리고 있어.

브라보! 결국 당신은 알의 껍질을 깨고 세상을 향해 앞으로 나아가는구나. 자유가 있으나 책임이 뒤따른다는 것을 당신도 잘 알고 있어. 훨씬 더 험난한 여정이 당신을 기다리고 있지만 푸른 하늘을 향해 비상하는 한 마리의 새이길 바란다.

 트루먼, 못 볼지 모르니까 미리 인사할게. 굿 애프너눈, 굿 이브닝, 굿 나잇!

주머니 속의 이야기

 주머니 속은 깊다. 아이의 마음을 넉넉히 품을 만큼 망망대해이다. 다락방을 방불케 하는 아주 작은 비밀 창고이자 잡동사니들의 안락한 휴식처다.
 초등학교에 입학한 아이는 낯선 세계가 두려웠다. 집으로 돌아오는 길이 차츰 익숙해질 무렵, 앞니 빠진 이를 드러내며 배시시 웃는 아이의 주머니가 제법 묵직하다. 고만고만한 돌멩이들이 찰랑거린다. 심심풀이 발길질을 멈추다, 아이의 불가해한 시선에 꽂혀 풀썩 주머니 속으로 안착한 모양이다.
 "엄마, 이것 좀 보세요. 엄청나게 특이하고 신기하죠?" 아들은 경이로운 돌을 수십 개나 발견했다며 나의 메마른 손바닥 위에 와르르 쏟아놓는다. 몇 개의 돌이 손바닥을 지나 또르르 거실 바닥을 구른다.

"음…, 그런 것 같네." 나는 애써 태연한 척 답하며 생각했다. 온갖 오염물질을 휘감고 온 폐기물을 언제쯤이나 치울 수 있을까. 주머니를 꽉 채운 돌은 결국 아이 몰래 다시 땅바닥을 구르는 신세가 되었다. 아이의 돌멩이에 대한 무한한 호기심과 잠재력은 일 년여 가까이 줄곧 이어졌다. 무겁고도 가벼운, 비움과 채움의 암묵적인 연결고리가 정당하다고 자부한다. 다행스러운 건, 해변을 거닐다 모자지간이 서로 제 몽돌이 더 멋지다며 조화로이 한목소리를 낼 수 있다.

차츰 주머니 속은 이색적이고 다채롭게 실효성을 갖는다. 받아쓰기 백 점을 맞기 위해 몇 번이나 지웠다 고쳤다 반복하는가 하면 골치 아픈 수학 문제를 푸느라 지우개가 제법 뭉개졌다. 미술 시간은 또 어떤가, 꾹꾹 눌러 색칠하다 부러진 색연필이나 야속하게 닳아버린 색연필의 돌돌 말린 종이를 손톱으로 까기 위해 얼마나 애달았을까.

아들이 보는 TV 프로그램은 거듭 진화한다. 한창 최고의 인기를 누리는 뽀로로나 다양한 차종이 로봇으로 변신하는 애니메이션은 유치원 아이들이나 보는 거라며 강하게 마다한다. 캐릭터가 분명한 일본 인기 만화영화에 푹 빠져들더니 마트나 문구점에 신제품이 출시될 때마다 고무 딱지와 카드를 사달라고 끊임없이 졸라댄다.

상자를 개봉할 때마다 희비가 교차한다. 마음에 드는 대왕 딱지를 얻기 위해 불필요한 딱지를 사 모으는 쓸데없는 과소비가 비일비재하다. 일시적인 감정에 비례해 주머니 속은 매번 새로운 딱지로 탈바꿈한다. "또?" 나는 응축해 물었다. 친구들이 모두 가지고 있으니까. 그게 합당한 이유란다. 다 쓴 책 표지나 종이 달력으로 딱지를 만들어 진지하게 놀이의 승부를 펼쳤던 학창 시절 모습 같은 그런 느낌일까.

문구점 앞은 미니 피규어 뽑기 기계가 즐비하다. 오백 원짜리 동전 두 개를 넣고 시계태엽을 감듯 한 번 돌리면 '퐁' 소리를 내며 캡슐 하나가 나온다. 캡슐 안을 들여다볼 때마다 아이들이 선호할 만한 캐릭터 피규어가 나올지 매번 가슴을 졸인다. 이제 주머니 속은 비닐 조각까지 더해져 분리수거가 따로 필요했다.

중학년 아들 녀석은 이제 자신의 돈을 직접 챙겼다. 누군가 쥐여 준 지폐 색깔로 표정의 변화를 달리하고 세뱃돈이 얼마인지 꼼꼼하게 체크 하는 주도면밀한 면을 보인다. 무엇보다 돈의 가치를 깨달아 주머니 속은 꼬깃꼬깃 접은 천 원짜리 지폐와 동전 몇 개가 달그락거린다. 학교를 마치자마자 방과후수업과 여기저기 학원에 쫓기다 보니 허기가 질 것이 뻔했다.

학교 앞 분식점은 꼬마 손님들로 북적댄다. 이 시간만큼은 오롯이 자신만의 기호에 따라 메뉴를 선택한다. 엄마의 잔소리가 웬 말이고, 영양가가 무슨 소용이랴. 맵고 짜고 달짝지근한 맛을 겸비한 꼬치나 회오리감자, 콜팝을 고르고 입가심으로 탄산음료까지 챙겨 먹다 보니 횡재가 아닐 수 없다. 심지어 평소보다 용돈이 두둑할 때면 친구들끼리 너도나도 기분 좋게 한턱내는 여유까지 생겼다.

아이가 자랄수록 주머니 속은 군것질의 온상이다. 인스턴트식품에서 나온 쪼가리, 심지어 편의점에서 고른 삼각 김밥까지 섭렵한다. 찐득거리는 사탕 껍질, 부스러기가 남은 과자봉지, 껌 종이가 난잡하다. 때로는 씹다 뱉은 껌이 들러붙어 실컷 곤혹을 치른다. 주머니 속을 발라당 뒤집고 탈탈 털어 세탁하면 정작 빨래를 갤 상황에는 괴롭고 난감한 상황을 모면할 수 있다.

아들의 주머니는 휴대전화로 불룩하다. 유튜브를 보고 온라인게임을 하며 지인들과 서로 대화를 주고받는다. 적당한 핑계를 대고 잔머리를 굴려 가며 게임 시간을 늘리고 친구들과 의미 있는 이야기를 나눈다. 가끔은 무료한 사나이를 표방하듯 한 손을 바지 주머니에 넣는 자세까지 취한다.

중학교에 입학하고 체육복 동복을 주문할 때다. 상의 자체는 아예 주머니가 없다 치자. 희한하게도 동복 바지의 왼쪽 주머니를 차단 봉쇄했다. 분명히 불량일 거라고, 주문 제작한 곳에 문의하니 예산이 충분히 확보되지 않아 한 곳만 주머니를 만들었단다. 왼손잡이 아들에게는 참으로 고단하고 불쾌한 이야기다. 부정할 수 없다.

펼쳐놓은 주머니 속에 아이는 여전히 살아 숨 쉬고 있다.

숨구멍을 뚫다

 수려한 연꽃이 장관을 이룬다. 상남자의 양 손바닥을 호기롭게 펼친 듯 연잎들이 산뜻한 바람에 나붓나붓 출렁인다. 잎들 사이로 꽃은 한결 더 운치가 있다. 흐드러지게 피어 있어도 관심 두기를 꺼리던 꽃, 두 눈빛 가득 온정을 담는다.
 추억이 깃들면 의미가 남다르다. 아버지는 의미 깊은 연꽃이었다. 당신 역시 눈에 띄게 이목구비가 도드라지고 기골장대한 호남형의 면모가 드러난다. 누군가는 도회지의 신사다운 멋이 있을 거라고 지레짐작한다. 고결한 연꽃의 아름다움 아래에는 진득한 흙탕물이 뿌리를 지탱하고 있다. 옹골찬 뚝기로 흔들림이 없는 연뿌리야말로 엄마와 다름없다.

막연한 꿈이 움트는 나의 이십 대 초반. 시골 동네 문중 어른 한 분이 연蓮을 재배하고 있었다. 엄마는 가족들이 코피가 자주 난다는 빌미 삼아 연뿌리 서너 개를 얻었다. 무심코 미나리꽝에 심어 놓은 연뿌리가 매끈하니 전의 것보다 훨씬 더 생생했다. 장사 수완이 남다른 엄마는 연근이 수요에 대응해 공급이 적고 무엇보다 농한기에도 목돈이 생긴다는 정보를 얻었다.

아버지는 의욕이 넘쳤다. 이미 연뿌리를 캐다 파는 이웃집의 연밭을 슬몃슬몃 둘러보았다. 틈틈이 이웃 김 씨 아저씨의 일도 거들었다. 막걸리 몇 병에 땅속 깊이 연근을 심는 방법과 효율적으로 캘 수 있는지 꼼꼼히 따져 물었다. 묵직한 긴 고무장화를 신고 걷기조차 버거운 진흙밭에서의 작업은 김 씨 아저씨보다 연배가 높은 아버지에게 녹록지 않은 일이었다.

먼저 신작로 옆 이백 평 남짓한 논을 빌렸다. 다행히 벼농사를 짓기에는 턱없이 조악하다는 이유로 인심이 후덕한 이장 아저씨가 싼 가격에 내놓았다. 비교적 집에서도 가까웠다. 아버지는 이른 3월 시험 삼아 논 한 귀퉁이에 연뿌리를 심어 8월 말경 처음으로 연뿌리를 캤다. 종자를 남긴 연뿌리는 척박한 땅속에서도 강한 자생력을 키웠다. 해를 거듭할수록 어김없이 영역을 넓혀가더니 논 전체를 꽉 메웠다.

둥글넓적한 연잎들이 논 한 배미를 빽빽이 초록빛으로 수놓았다. 심연의 늪이라도 되는 걸까. 혹여 연밭을 해칠까 노심초사했는지 아버지의 단호함이 이를 데 없다. 어쩌다 자전거 페달을 밟고 지나갈 때면, 함초롬히 연꽃이 피어 있어도 흔히 볼 수 있는 푸성귀의 꽃들인 양 심드렁하게 지나쳤다.

논에서 재배하는 연은 꽃의 수가 그리 많지 않다. 꽃을 좋아하는 엄마는 유독 탐스러운 홍련을 따다 TV 옆 유리병에 꽂았다. 은은한 향내까지 더해 눈과 코를 호강시켜도 곁눈질로 흘깃 한번 쳐다볼 따름이었다. 이런 치졸한 몸짓만이 온전히 아버지와의 약속에 순응하는 사명감 같은 거라고 여겼다.

뿌리를 깊이 내린 연을 캐는 일은 만만치 않다. 허리를 바짝 수그린 채 한없이 깊게 삽질을 해대는 아버지, 그 곁에서 아버지를 도와 엄마는 양손으로 진흙을 파고 또 판다. 여간해서 뽑힐 연뿌리가 아니다. 아버지와 연뿌리 사이에서 팽팽하게 밀고 당기는 사투가 벌어진다. 이때만큼은 아버지도 불난 성미를 내려놓는다. 적당한 힘 조절이 관건이다. 능숙한 솜씨가 아니면 쉽게 끊어지고 뚫린 구멍마다 흙이 들어가 품질을 망친다.

고된 일이 힘에 부쳐도 아버지는 일꾼을 새로 들이지 않았다. 돈도 돈이겠거니와 실컷 공들인 비결을 전수하고 싶지 않은 게 더 컸다. 매번 농사일을 거들고 밭일을 하던 엄마의 수고가 몇 배 더 늘어났다. 밤새 끙끙 앓다 수잠을 자는 날이 부쩍 많아졌다.

연근을 캐고 나면 곧바로 선별작업에 들어간다. 최상급은 알이 굵디굵은 튼실한 새하얀 무처럼 몸통이 곧고 길게 쭉 뻗었다. 좋은 품종은 흙덩이만 뗀 채 비닐포대에 담아 그대로 시장에 내다 판다. 하급은 따로 모아 애벌빨래 하듯 대충 씻어내 까슬까슬한 수세미로 요리조리 돌려가며 벅벅 문지른다. 아주 진한 흙탕물이 옅은 구정물로, 맑은 물이 보일 때까지 헹군다. 말쑥해진 연근은 일정한 간격으로 썰어 검정 비닐봉지에 똑같은 분량으로 나눠 담는다.

장에 내다 파는 일은 순전히 엄마의 몫이다. 한 시간에 겨우 한 대만 다니는 버스를 타고 부랴부랴 시장에 간다. 엄마는 묵직한 연근 포대를 머리에 이고 한 손으로는 보따리를 들며 휘청휘청 이 층 계단을 오르내렸다. 썰어 놓은 연근은 의외로 잘 팔렸다. 바쁜 직장인들에게 적잖이 수고와 번거로움을 더는 효자상품이다. 점점 연근을 찾는 단골도 늘어났다. 해를 거듭할수록 연근 캐는 기술과 속도는 빨라졌다. 일사불란하게 움직이는 엄마의 손놀림이 자식들의 굼뜬 행동보다 훨씬 앞섰다.

늘그막에 가정을 꾸린 아버지는 다섯 남매의 잇따른 학비와 만만치 않은 결혼자금이 힘에 부쳤는지 엄동설한에도 연밭으로 향했다. 아버지는 곧잘 엄마를 채근해 얼음을 깨고 눈발을 맞아 가며 언 손으로 삽질을 마다하지 않았다. 혼탁한 삶 가운데 처음으로 돈을 쥐는 재미가 쏠쏠했던 엄마는 차마 거부할 수 없었다.

논농사에 익숙한 아버지의 무모한 시도는 동리 사람들 입에 오르내리기 좋았다. 노다지를 캐는 금싸라기 땅이라며 저마다 한마디씩 거들었다. 돈에 환장했다는 소문까지 흉흉했다. 그런 말씀은 귓등으로 흘려들었다. 연근 캐기 작업은 막내딸을 시집보내던 경사스러운 그해, 십 년 가까운 세월에 종지부를 찍었다.

아름다운 경관에 이끌린다. 눈에 익은 줄기와 잎, 꽃이 전부인 양 겉만 본 채 모든 것을 탐하려 하지 않는다. 꽃도 잎도 사그라들 무렵 마른 삭정이처럼 꽃대가 꺾인다. 초로의 인생에 접어든 듯 화려함은 온데간데없다. 허나, 진정한 뿌리를 얻기 위해서라면 꿉꿉한 냄새를 풍기는 진흙탕을 밟지 않고서는 진심으로 어렵다.

  아버지의 강인함이, 엄마의 절실함이 내 가슴 가득 깊게 숨구멍을 뚫는다.

5부
―
그
날

손이 말했다

 양손을 쫙 펼쳐본다. 여린 몸에 비해 제법 큰 손이다. 단단한 뼈마디에 두툼한 손가락까지 강한 남성성이 죄다 여기 몰려 있다.
 더군다나 나의 손은 계절에 순응한다. 폭염 속 톡톡한 여름 맛에 절로 열을 발산한다. 반면 한겨울에는 시베리아 벌판의 매서운 기운을 손과 발에 응축시켜 놓은 듯 싸늘하다. 수줍은 손이 점점 움츠러든다. 문득, 빗물을 머금은 시린 손이 아버지와 맞잡은 손을 찾아 아련하게 말을 건네고 있다.
 겨울 한 자락, 방 안 가득 입김이 뿜어 나오자 나는 불평불만을 쏟아냈다. 엄마는 꺼진 보일러 전원 버튼을 흘겨보며 아버지에게 서운한 기색을 내비쳤다. 금세 내 손이 시퍼런 멍 자국을 군데군데 퍼뜨려 놓은 듯 창백해졌다.

 덥석 엄마 손을 잡아보니 차가운 건 매한가지다. 아버지의 손은 따뜻한지 어디 한번 잡아보란다. 아버지는 낼모레면 서른이 되어가는 딸의 손을 잡으려니 여간 곤혹스러운 모양이다. 무뚝뚝한 성격마저 단단히 한몫 거든다. 엄마의 성화에 못 이겨 마지못해 이불 속에 감춰진 손이 드러났다. 망설이고 망설이다 내 손등을 조심스레 감쌌다. 따습다. 여느 손도 부럽지 않다. 차갑던 손이 조금씩 노곤해지자 아버지의 손이 얼음장 같은 발로 옮겨졌다. 두툼한 손바닥 체온이 손에서 발로 전해지는 사이 줄곧 내 시선은 텔레비전으로 향했다. 그런 와중에 여자 손발이 이리 차서 애를 낳을 수 있겠느냐며 아버지는 걱정 반 질책 반 잔소리를 늘어놓았다. 철없는 내 손이 그만하라고 꿈틀댄다.

 오일장이 서는 이른 아침, 아버지는 서둘러 짐 자전거를 끌고 집을 나섰다. 한참 지나 난데없이 메에에~ 웬 염소 우는 소리가 가까이서 들렸다. 마당 한편에 흑염소 한 마리가 짐 자전거에 매여 있었다. 십 리 남짓 장터를 지나 집으로 오는 내내 흑염소와 온갖 신경전을 펼쳤던 아버지. 윽박지르다 어르고 달랬을 게 불 보듯 뻔했다. 남은 기력마저 죄다 빼앗겼는지 고단한 몸을 쉬이 가누지 못했다.

식사를 마치고 나면 누릿한 맛의 흑염소엑기스를 꾸역꾸역 삼켰다. 구미가 당겨도 피할 음식이라면 과감히 먹지 않았다. 내심 손발이 따뜻해지길 바라는 마음도 컸다. 아버지의 확신을 더한 희생과 나의 끈덕진 행동에도 불구하고 수족냉증은 여전했다. 손톱만큼의 효과도 보지 못한 아버지는 애먼 흑염소 주인과 중탕집을 탓했다. 차라리 보일러를 트는 게 백배 낫겠다고 툴툴대자, 아버지는 도리어 염소값이나 내놓으라며 벌컥 화를 냈다. 그 뒤로도 굳은살이 박인 아버지의 손은 내 시린 손발을 덥히느라 종종 바삐 움직였다. 그 옛날 군불을 지피던 온돌방의 온기처럼, 나의 손은 겨울마다 뜨끈한 아랫목과 같은 아버지의 손을 그리워하며 울먹이고 있었다.

아버지가 그토록 바라던 나의 결혼식이 다가왔다. 결혼 날짜가 다가올수록 인사불성이 된 아버지가 원망스러웠다. 엄마는 그렇게 술 마시다 식장에 발도 못 디밀고 초상 치르는 것 아니냐며 치를 떨었다. 나는 연습이라도 해보면 어떻겠냐고 슬쩍 손을 내밀었다. 얼굴이 벌게진 아버지는 그게 뭐 대단한 일이라고 콧방귀를 뀌며 한사코 마다했다. 손사래를 치는 아버지의 손도 흠뻑 술에 취한 듯 벌겋게 달아올랐다.

결혼식 당일, 웅성거리는 식장 안에 신부 입장 소리가 들렸다. 아버지와 웨딩드레스를 차려입은 내가 나란히 옆에 섰다. 아귀가 맞지 않은 두 개의 손이 갈 길을 헤맸다. 가까스로 내 손을 붙잡은 아버지의 손이 파르르 떨렸다. 발걸음마저 엉거주춤 쉽게 앞으로 나아가지 못했다. 따스한 봄 날씨에도 아버지의 손은 땀에 젖어 끈적였다. 붙들린 손이 간신히 신랑 팔에 전해졌다. 양가 부모님과 내빈께 인사드리는 순서가 왔다. 환하게 웃고 있는 엄마와 달리 아버지의 눈 언저리가 촉촉해져 있는 것이 설핏 보였다. 손은 알았다. 마지막으로 당신 곁을 떠난 셋째 딸이 먼 타향살이하는 게 안쓰러웠다는 것을.

결혼 후 일 년이 지나 아버지는 간암 말기 판정을 받았다. 집에서 요양하던 중 갑작스레 병세가 악화하여 급히 병원으로 모셨다. 병간호를 엄마 혼자 도맡아 할 수는 없었다. 각지에 흩어져 사는 자식들도 번번이 병원을 찾기란 쉽지 않았다. 아이가 없는 내가 나섰다. 잔뜩 옷가지를 챙겨 곧장 병원으로 향했다. 여섯 명의 암 환우들 가운데 아버지를 찾았다.

한참을 두리번거리자 엄마가 먼저 알은체했다.

"아빠." 애써 담담하게 아버지를 부르며 가까이 다가갔다. 듬성듬성 빠진 치아 사이로 희미하게 번지는 웃음, 광대뼈가 도드라진 몰골이 한눈에 들어왔다.

어서 오라고 말을 건넬 줄 알았다. 허나, 아버지는 말없이 빈약해진 손만 내 얼굴을 향해 내밀 뿐이었다. 여느 때처럼 온기가 그득했다. 내 손을 힘없이 그러쥐며 연신 입술만 오물거렸다. 하고 싶은 얘기가 많았으리라. 바짝 귀를 갖다 대지만 불호령을 내리고 끊임없이 잔소리를 쏟아내던 목소리는 찾아볼 수 없었다.

아버지의 손도 온데간데없다. 그 옛날 철부지 어린 자식들에게 대나무를 잘라 모양새 있게 방패연을 만들어 주고, 풀잎을 꺾어 개구리며 바람개비를 뚝딱 접어 손바닥에 올려주던 재주 많은 손이었다. 때로는 아버지의 건장한 손은 쌀 한 가마니를 가뿐하게 번쩍 들어 올려 어깨에 메는 일이 허다했다. 퉤퉤 침을 뱉어가며 연신 새끼줄을 꼬아도 아픈 내색 한번 하지 않던 강단 있는 손이었다.

궁핍한 탓에 초등학교도 제대로 졸업하지 못한 설움도 겪었단다. 당신 이름만은 정확하게 똑바로 쓸 수 있다며 괴발개발 아랑곳없던 위풍당당한 손이었다. 하지만 평생 가족을 위해 책임감을 짊어진 손은 세월이 덧대져 바싹 마른 검불이다. 왈칵 목울대가 치밀어 올라 아버지를 똑바로 바라보기 어려웠다. 한 달 사이 암 덩어리가 낯선 노인을 모셔다 놓은 듯 가슴이 미어졌다.

  아버지는 그저 오래도록 내 손을 맞잡으며 반색했다. 다만 내가 할 수 있는 일은, 이따금 복수가 찬 아버지의 불룩한 배를 가만가만히 손으로 쓰다듬는 일뿐이었다. 그날이 마지막이었다. 내 손이 밤새 흐느껴 울었다.

출근 그리고 퇴근

 얼마만의 출근인가. 걸려온 전화 한 통이 빛을 발하는 순간이다. 누군가가 지인더러 사람을 알아봐 달라고 한 모양이다. 이래저래 함께한 경력을 읊어대며 나의 장점을 한껏 부각해 이야기를 전했는지, 뜻하지 않게 이력서나 면접 없이 곧바로 채용이라는 행운을 안았다.
 기회는 삶을 변화시킨다. 도덕적 가치를 우선시한다며 두 번 다시 이 일은 결단코 하지 않을 거라고 그만두었던 때가 몇 해 전이었다. 언제까지 하릴없이 빈둥거릴 거냐는 주변 사람들의 핀잔 섞인 소리에 일일이 답하는 것도 마뜩잖았다. 결혼하려면 직장을 가지고 있는 것이 훨씬 낫다며 연민이 담긴 시선도 꽤 많았다.

그랬다. 설령 그렇다 할지라도 버스 정류장과 가까워 교통의 불편함을 해결할 수 있고, 무엇보다 전과 같은 동종업계라 선뜻 응했다. 나의 업무능력에 따라 병원 운영에 보탬이 되었던 것이 얼마나 뿌듯했었나. 자긍심을 가졌던 순간을, 또 한 번 뜨거운 열정을 품고 싶은 의욕마저 바라긴 했다.

설렘은 긴장을 동반한다. '가만있자, 처음에 내가 어떻게 행동했더라. 가능한 말을 아끼고 그곳에서 하라는 대로 하면 될 테지. 나도 이제 어엿한 직장인이라고 당당히 말할 기회가 생기는 건가.' 유동적인 생각들이 비집고 들어왔다. 버스에 올라서자 두근거리는 마음이 골칫거리다. 오랜만에 사 입은 옷은 서툰 몸짓을 보태 엉거주춤 조심스럽다. 버스는 그에 아랑곳하지 않고 막힘없이 잘도 내달린다.

병원 내부는 깔끔했다. 개원하고 얼마 되지 않아서일까, 환자들은 그리 많지 않았다. 원무과의 사무장이 병원 로비 앞에 미리 와 서 있었다. 사무장은 곧바로 접수실 직원에게 나를 소개했다. 늘 그렇듯이 별로 다를 바 없는 자세로 고개를 숙여 인사를 주고받았다. 물리치료실에 가서도 직원들과 인사를 건넸다. 그들 인상은 썩 나쁘지 않았다. 잘해보자며 살갑게 응대하니 내심 안심이 되었다.

　불현듯 공허한 빈자리가 의문스럽다. 가만 보니 주요 인사가 보이지 않는다. 원장님은 어디 계시는지 물었다. 회진 중이라 나중에 인사드리면 된다고, 지금은 업무부터 파악하자며 서둘러 원무과로 안내했다. 입사를 하게 되면 가장 먼저 상사에게 인사를 건네는 일이 관례라고 생각하던 터라 영 석연치 않았다. 사무장 말대로 환자가 우선하는 병원이 아니던가. 나는 그렇게 믿고 싶었다.

　사무장은 얼마나 급했는지 곧바로 컴퓨터를 켰다. 소개한 지인이 실무를 파악하는 데 애로사항이 많아 더 시급했던 것 같다고 귀띔을 해준 터라 피식 웃음이 나왔다. 병원 업무 프로그램이 깔린 화면이 나오기 전에 질문들이 쏟아졌다. 사무장은 우선 프로그램을 훑어보고 있으라며 잠깐 자리를 비웠다. 의자는 전에 앉았던 것보다 세련된 색상에 훨씬 더 푹신했다.

　그리 낯설지도 그리 익숙하지도 않은 화면이 나타났다. 여느 때보다 신중을 기해 화면을 응시했다. 난데없이 '으흠' 헛기침 소리가 둔탁하게 튀어나왔다. 소리가 난 쪽으로 고개를 돌렸다. 흰 가운을 걸쳐 입은 풍채 좋은 남성이 뒷짐을

진 채 불확실한 의혹의 눈초리로 나를 내려다보았다. 어쩌면 노려보고 있다는 표현이 맞을지도 모른다. 직감적으로 원장임을 느꼈다. 순간 아연실색해 절로 고개를 숙였다.

적막이 몇 분간 흘렀다. 원장은 일언반구 아무 말이 없었다. 손님이었다면 손님맞이용 의자에 앉았을 텐데 업무를 보는 의자에 턱 하니 앉아 있으니 수상할 수밖에…. 나는 어떤 합당한 변명이 절실히 필요했다. 구원투수 사무장도 함흥차사다. 마지못해 원장이 뭐라 입을 떼려는 순간 "원장님." 하는 익숙한 목소리가 들렸다. '후유' 긴장이 풀린 듯 나는 숨을 골랐다. 되레 원장은 오만상을 짓고 사무장에게 불쾌한 눈빛을 건넸다.

이윽고 둘은 자리를 피해 밖으로 나갔다. 모니터 화면은 안중에도 없이 밖의 동태만 살피기에 바빴다. 문은 좀처럼 열릴 기미조차 없었다. 일이 잘못된 것만은 분명했다. 나의 예측이 빗나가길 간절히 바랐다. 분명 착오가 있었을 거라고, 원만히 해결되어 나의 불안을 잠식시킬 수 있으리라 여겼다.

시간이 더디 흘렀다. 사무장은 얼굴이 벌게진 채 머쓱해져 쉽게 말을 건네지 못했다. 원장에게 단단히 면박을 당한 모양이었다. "이거 죄송해서 어쩌지요. 뭐라 드릴 말씀이 그게…, 말이 제대로 전달이 되지 않아서…." 사무장은 쉽게 말을 잇지 못 했다.

"네, 무슨 뜻인지 알겠네요." 나는 자리에서 일어섰다. 의자는 내 축 처진 어깨만큼이나 풀썩 주저앉아 있었다. 사무장은 몸 둘 바를 모르며 나를 뒤따랐다. 그는 윗옷의 안주머니를 뒤져 지갑을 꺼내더니 차비라도 하라며 불쑥 이만 원을 건넸다. 됐다고 손사래를 쳤다. 그게 예의라고 생각했다. 계속 사양하지는 않았다. 재차 미안하게 됐다며 인사를 건네는데 전혀 귀에 들어오지 않았다. 병원 출입문을 나가는 속도가 처음과 달리 빨라졌다. 나는 인사를 건네는 둥 마는 둥 버스 정류장으로 향했다.

지폐가 손에 쥐어졌다. 돈은 이렇게도 버는구나, 문득 허기가 졌다. 아침도 거른 채 허둥댔던 풍경이 떠올랐다. 슈퍼에 들어가 빵 한 봉지를 사려다 그만두었다. '이거 밥값이나 제대로 한 거야.' 자책하며 껌 한 통을 골랐다. 딱딱한 껌 하나를 입으로 가져갔다. 집으로 가는 버스를 기다리는 내내 질긴 껌을 연신 오물거렸다.

버스가 덜컹대며 비틀거린다. 그대로 몸을 맡긴 채 의지와 상관없이 퇴근을 한다.

문

 학당리 풍촌 마을의 첫머리 집, 파란 칠이 잔뜩 벗겨진 녹이 슨 양철 대문은 미정이네 집이다. 집 앞으로 폴폴 먼지 날리는 신작로가 있고, 플라타너스 두 그루는 그늘막이 되어 버스정류장 역할을 톡톡히 해낸다. 국기 게양대가 위치한 곳의 마을회관은 늙수그레한 형태로 명맥만 유지한다. 바로 옆으로는 간판이 떨어져 나간 이발소가 자리하고 있다.
 대문을 옴팡지게 연다. 아버지가 성큼 나가시고, 엄마가 서둘러 나가고, 오빠 언니들이 부리나케 나가고, 동생이 뒤질세라 따라 나간다. 걸쇠는 삐거덕 소리를 내며 힘겹게 닫히다 만다. 흠뻑 술에 취한 아버지의 고무신에 대문 여기저기는 움푹 들어가 있고 아이들도 덩달아 문을 두드린답시고 발길질을 보탰다. 쏟아져 내린 눈비 탓에 더욱 볼썽사납게 변해갔다. 언제부턴가 대문은 점점 제구실을 못하고 삐딱하게 자리만 차지했다.

미정이는 혼자 집을 본다. 뜀박질도 고무줄놀이도 젬병인 아이는 동구 밖 또래들의 재잘거리는 소리에 재미를 느끼지 못한다. 언니 오빠들이 읽다가 만 책을 집어 들고 툇마루에 걸터앉는다. 올망졸망 토끼들은 우리를 지키고 마룻바닥에는 넉살 좋게 여유를 부려보는 똥개 귀돌이가 엎드려 있다. 토방에 비스듬히 세워 놓은 싸리 빗자루가 금방이라도 쓰러질 듯 위태하다. 한가롭고 고즈넉한 시골 풍경이다.

마당 한가운데 어스름한 저녁 기운이 드리워졌을 무렵이었다. 호기심 충만한 토끼 한 마리가 문 쪽으로 다가갔다. 헐거워진 빗장에 발을 디밀었다. 누군가 깜박하고 문을 걸어 잠그지 않았는지 쉽게 열렸다. 토끼는 마당에 사뿐 내려앉았다. 덩달아 토끼장에 갇힌 다른 무리의 토끼들도 깡충깡충 뛰어나왔다. 미정이는 좁은 우리를 벗어나 세상 밖으로 첫발을 디딘 토끼들을 신기한 듯 지켜보았다. 토끼들은 뿔뿔이 흩어져 호기롭게 마당을 배회하고 있었다. 채마밭을 발견한 녀석은 사각사각 배춧잎을 뜯었다. 자유를 만끽하는 무리들 틈에 미정이는 다시 책을 들춘다.

순간 마루 밑에서 낮잠을 자고 있던 귀돌이가 벌떡 일어섰다. 토끼들이 뛰노는 쪽으로 날렵하게 몸을 움직였다. 행여 반가울세라 함께 놀 줄 알았다. 하지만 귀돌이는 야생 본능을 발휘해 사정없이 토끼의 목을 물었다. '켁' 하는 소리가 적막을 뚫었다. 미정이는 책을 내팽개치고 토방을 가로질러 마당으로 뛰어갔다. 귀돌이는 더욱 설레발을 쳤다. 혼비백산한 다른 토끼들이 마당 이곳저곳으로 흩어져 도망치기에 급급했다. 이에 질세라 귀돌이는 잽싸게 쫓아가 숨통을 모조리 끊어 놓았다. 미정이는 토끼들을 잡으랴 귀돌이를 잡으랴 우왕좌왕했다.

마당은 순식간에 널브러져 죽어 있는 토끼들로 가득 찼다. 잔뜩 겁에 질린 미정이가 마당에 주저앉아 운다. 귀돌이는 영문도 모른 채 혀를 내밀며 꼬리를 흔들었다. 날카로운 이빨을 드러내자 불쑥 화가 치밀어 올라 마구잡이로 주먹질을 해댄다. 귀돌이는 얼른 마루 밑으로 줄행랑을 쳤다.

사위가 짙은 어둠이 내려앉는 찰나 저녁노을마저 선연한 핏빛이다. 멀리서 자박자박 발소리가 뚜렷하다. 대문이 열린다. 인기척에 신경이 곤두선다. 미정이는 대문만 뚫어져라 주시한다. 땀에 전 수건을 뒤집어쓴 엄마가 눈앞에 보인다. 다행이다. 하찮은 미물의 생명도 끔찍이 여기시는 아버지의 눈에 띄면 역정을 내실 게 자명하다. 고자질쟁이 오빠 언니들이 먼저 왔어도 낭패가 아닐 수 없다. 미정이가 울먹이며 말하지 않아도 엄마는 알고 있는 눈치다. 엄마는 혹여 살아있는 토끼가 숨어 있나 싶어 마당을 구석구석 돌아보았다. 다른 토끼장 문은 제대로 닫혀 있는지 꼼꼼하게 살핀 후 죽은 토끼를 말끔히 치웠다.

엄마는 그날 저녁 문을 달지 않은 외딴 부엌으로 향했다. 허리를 굽혀 들어간 좁디좁은 부엌에서 한 솥 가득 토끼를 삶았다. 마르지 않은 솔가지는 쉽사리 불이 붙지 않았다. 부지깽이로 불을 쑤시며 훅 세게 입김을 불었다. 손부채질에 겨우 불이 붙었다. 아궁이에 불을 지피자 매캐한 연기가 밖으로 뿜어져 나왔다. 쿨럭쿨럭 엄마의 잔기침도 따라 나왔다. 질금질금 흘러내린 눈물을 훔치다 '팽' 코를 풀었다.

타닥타닥 솔가지가 타고 있다. 바싹바싹 엄마 속이 흐느끼며 타들어간다. 어린 동생을 놔두고 밖에서 놀고픈 자식들의 심정을 모를 리 없다. 냇내가 배어든 엄마의 넋두리가 오랜 시간 이어졌다. 문이 없는 부엌에서 밖으로 나올 기미마저 없다.

큰일이 생길 때마다 엄마는 마음의 빗장을 닫았다. 속내를 보이지 않다가 작은 일에는 속사포처럼 다그쳐 귀를 막고 다닐 정도였다. 치켜 올라간 눈을 홉뜨면 곰살궂은 데라고는 찾아보기조차 힘들었다. 가끔 남매들이 아웅다웅하면 여지없이 빗자루를 가져다 어깻죽지고 엉덩이고 다리까지 휘두르는 경우가 허다했다. 미정이가 선뜻 다가설 용기가 나지 않을 만큼 엄마의 문은 견고하면서 좁았다.

검뿌연 굴뚝의 연기가 허공을 가르며 피어오른다. 푹 삶아진 고기 냄새가 코끝에 감긴다. 투덕투덕 부지깽이가 움직인다. 마지막 불씨가 사그라졌다. 그제야 엄마가 부엌을 나왔다. 부엌 주위를 서성이던 미정이는 허둥지둥 방으로 뛰어갔다.

저녁 시간 아버지는 갑작스레 밥상에 오른 토끼고기 한 점을 베어 물었다. 살점 하나 없는 것을 뭐 하러 잡았냐는 핀잔 가득한 국그릇 옆에 뼈다귀만 잔뜩 쌓였다. 오빠 언니들의 수저가 고기 주변을 분주히 오갔다. 엄마는 멀건 국물에 밥을 말았다. 미정이는 고개를 숙인 채 밥만 먹었다. 문득 살코기가 미정이의 밥 위에 올려졌다. 엄마의 젓가락이 소리 없이 제자리로 돌아갔다. 금세 미정이의 눈이 빨개졌다.

 알고 보니 엄마의 문은 큼지막했다. 말썽꾸러기 미정이가 들어갈 쪼그만 문이 활짝 열렸다. 외딴 부엌에서 생각을 지피며 토끼 눈처럼 빨개진 엄마의 눈, 둘만이 간직할 수 있는 소통의 문 하나가 생겼다.

내일을 꿈꾸다

 서른 살이다. 급물살을 탄 이십 대를 떠나보내고 어쭙잖게 맞이한 '삼십'이란 숫자가 퍽 낯설다. 서른 살 역시 빈틈없이 흘렀다. 그마저도 마지막 달력 한 장을 홀연히 남겼다. 삼십 대의 포문을 허무하게 갈무리하는 것이 더없이 아쉬웠다.
 서른이란 나이를 빌미 삼아 친구들과 여행을 떠나기로 계획했다. 낭만의 도시 부산에 가자, 청정지역 강원도가 좋겠다, 의견이 분분해 조율하기란 쉽지 않았다. 어쩌면 그네들과의 마지막 여행이 될지도 모르기에 더더욱 신중을 기했다. 시의적절하게 여수로 정한 후 인터넷으로 기차표를 예매해 두었다.

때아닌 난관에 봉착했다. 엄마는 순순히 허락했지만, 아버지는 단호하게 "안 돼."라며 방어벽을 쳤다. 가끔 늦은 귀가에도 불만을 토로하며 지청구를 퍼붓다 이유가 타당하다 싶으면 관대하던 아버지였다. 이번에는 다 큰 처녀들이 어딜 싸돌아다니느냐며 합리적인 나의 항변도 일축했다. 가능성이 바닥에 떨어졌다.

며칠 전 모임의 친구들과 송년회가 있었다. 우정이 도타운 친구는 변변한 대화를 나누지 못해 아쉬웠던 모양이다. 자기 집으로 가자며 마구잡이로 팔을 잡아끌었다. 친구 남편은 선뜻 안방 침대 자리를 내주었다. 둘은 스무 살 첫 만남부터 시작해 공통된 취미, 삶의 가치관, 이상형과 결혼관으로 대화의 폭이 점점 넓혀져 새벽까지 맞닿았다.

불과 며칠 사이에 또 외박이라니, 아버지의 냉담한 반응도 이해는 갔다. 부녀지간의 대화는 이내 감정싸움으로 끝이 났다. 가능성이 불가능으로 전환할 때 상실감은 훨씬 더 크다. 나는 방에 들어가 옴짝달싹하지 않았다. 고심 끝에 여행을 가기가 어렵다는 말을 내비쳤다. 친구의 안타까운 음성이 전화기 너머로 고스란히 전해졌다. 헛헛한 마음이 허공을 맴돈다. 나의 몸은 절실히 여수로 향했다.

여행을 떠나는 날, 동생이 다급하게 흔들어 깨웠다. 줄곧 마음이 쓰였는지 아버지는 신중한 태도로 승낙을 하셨다, 이번이 마지막이라고 거듭 강조하며. 서둘러 친구에게 전화를 걸어 빠른 속도로 채비를 마쳤다. 이 극적인 짜릿함과 함께 무사히 여수행 기차에 올랐다.

성급한 여행이라 준비가 미비했던 탓일까. 가장 중요한 잠잘 곳을 염두에 두지 않았다. 예기치 않은 상황에 이곳저곳 숙소를 찾느라 시간을 허비했다. 터무니없이 비싼 모텔은 가당치 않고 적당한 여관방을 물색하다, 간신히 주인아주머니가 기거하는 후미지고 허름한 방에 짐을 풀 수 있었다.

우리는 동백꽃이 흐드러지게 핀 향일암 주변을 걸었다. 모처럼 꿈 많은 학창 시절의 소녀가 되어 손을 부여잡았다. 연인의 애틋함도 이보다 더할까. 처음에는 다소 민망하고 어색했지만, 손에 손을 잡고 힘차게 팔까지 내둘렀다.

"얘들아, 내가 잠깐 생각한 건데. 우리 넷 중에 결혼을 가장 먼저 하는 친구가 있으면 말이야. 자그마치 백만 원을 내야 이 독신모임에서 탈퇴가 가능해. 어때 기발하지?"

"잘 됐다. 그 회비로 다시 모여서 또 여행 떠나면 되겠네."

딱히 이렇다 할 애인도 없는 친구들이 아주 좋은 생각이라고 깔깔거리며 흔쾌히 응했다.

늦은 저녁 어둠이 짙게 깔린 여관방은 더욱 비좁았다. 혼자 자는 방에 무려 여자 넷이라니! 주인아주머니는 이런 성수기에 엄청나게 싸게 얻은 거라며 훈훈한 인심을 전하지 않았던가. 꽉 찬 짐들에다 몇 병의 맥주와 소주, 조촐한 안주가 바닥에 내몰렸다.

"우리가 여수를 왜 왔겠어. 내일 일출 보면서 새로운 마음으로 시작해 보자고 했잖아. 술은 오늘이 아니라 언제라도 마실 수 있으니까 일찍 자는 게 어때? 혹시 모르니 알람 맞춰 놓고, 먼저 일어난 사람이 다른 사람들 깨워 주기로 하자." 목표지향적인 섬세한 친구가 조심스레 이야기를 꺼냈다.

"무슨 소리야, 우리가 어떻게 왔는데 이대로 잠들 수가 있어! 두 번 다시 못 올 수도 있는데 그냥 끝낼 수 없지. 자 마셔. 다들 건배!" 저돌적인 막무가내 타입의 친구가 연거푸 술잔을 부딪쳤다.

"차라리 잘 됐다. 밤새 술 마시다 그냥 이대로 해돋이 보러 가면 되겠네." 허무맹랑한 나의 말에 친구들의 빈축을 샀다.

우리는 과감히 현재를 즐기다 불확실한 미래를 걱정하며 걷잡을 수 없는 감정의 롤러코스터를 탔다. 다가오는 내일 아니 미래를 위한 벅찬 감동으로 뜨는 해를 맞이하리라 다짐했다. 점점점… 빈 술병들이 빙그르르 쓰러졌다.

꽤 오랜 시간 꿈을 꾸었나 보다. 방 안에 비쳐든 햇살이 무섭도록 따가웠다. 너 나 할 것 없이 통통 부은 얼굴에 해돋이가 웬 말이냐 싶은 초췌한 몰골들이다. 우리는 간신히 몸을 추슬러 꾸역구역 오동도로 향했다. 이미 떠오른 해를 제대로 바라보기는커녕 수많은 인파 속에 떠밀려 흐느적흐느적 내려오기 바빴다.

매서운 겨울 날씨에도 찬 바람은 걷잡을 수 없이 상쾌했다. 그네들과 함께한 그날은 깊숙이 반짝였고, 충분히 낭만적이었다. 아마도 다시금 각자의 길을 향해 새로운 마음을 열어두고 오지 않았을까. 집으로 돌아와 로만 폴란스키 감독 〈피아니스트〉를 보았다. 생존을 위한 처절한 몸부림….

다시 한 해가 시작되었다.

버스 안에서

 그날도 역시 막차를 탔다. 무료하게 드러나는 풍경을 다독이듯 비가 내렸다. 시골길을 향해 질주하는 시내버스는 최소한의 불빛만 남겨 놓았다. 사십여 분의 깊고도 잔혹한 퇴근 시간, 어둑신한 버스 안은 책 읽기를 허락하지 않았다.
 일의 강도와 분량만큼 빠른 속도로 지쳐갔다. 종일 컴퓨터로 작업하다 보니 자리에 앉자마자 충혈된 눈이 저절로 감겼다. 쿨럭거리는 엔진 소리에 몸이 들썩여도 개의치 않았다. 잠깐잠깐 실눈을 떠 어디쯤인지 위치만 파악하면 상관없다.
 간절히 몸이 원했는지도 모른다. 본의 아니게 앞 사람 등 뒤에 대고 꾸벅꾸벅 인사가 한창이다. 버스는 혼곤히 길고 긴 잠의 터널로 접어들었다. 꿈이라는 무의식의 세계에 갇혀 걷잡을 수 없이 빠르게 스며들었다.

"저기요." 나지막한 소리가 나를 불렀다. 낯선 손이 주춤거리다, 내 어깨를 슬며시 흔들었다. "저…, 저기 일어나셔야 하는데요. 지금 내리지 않으면 힘들 텐데…." 연이어 내 어깨가 불규칙하게 몇 번 더 흔들렸다. 그때서야 몽롱한 눈동자에 한 소년의 창백하리만큼 초조한 모습이 얼비쳤다. 그는 이미 세심하게 벨을 눌러 놓고 마지막까지 나를 배려하고 있었다.

아찔했다. 고맙다는 인사를 챙길 틈도 없었다. 버스가 정류장을 그냥 지나칠까 서둘러 몸을 움직였다. 버스는 몇 발짝 나아가듯 멈춰서다, 덩그러니 나를 남겨두고 부리나케 사라졌다.

머리 위로 퍼붓는 빗줄기에 가방과 우산만이 손에 잡혔다. 다행이다. 택시 탈 엄두도 내기 힘든 시골 밤길은 겹겹이 암흑이 쌓여 공포와 음습 그 자체다. 더구나 흐릿한 가로등에 의지해 집을 향해 허허벌판을 꽤 많이 달리지 않아도 된다.

어렴풋이 기억을 살핀다. 꿈결에 스치듯 두 남학생이 주고받은 말이 전부였다.

"참! 넌 쓸데없이 별걸 다 상관한다." 어쩌면 오지랖 넓은 녀석이라고 코웃음 칠 친구 사이였을지도 모른다.

"그래도, 비까지 오는데 내릴 곳을 지나치면 안 되잖아." 영혼이 담긴 우산처럼 무게감 있는 소년의 말 한마디였다.

또다시 막차를 탄다. 나의 눈동자가 익숙해진 목소리를 찾아 서성인다. 볼 수 있어 더욱 눈에 띄지 않는 걸까, 소년의 정체를 감지하기에는 역부족이었다. 궁금증이 극에 달하기는 정말이지 처음이었다.

측백나무의 나지막한 탄식

누구나 지난 시절을 이상화한다.

"아마 큰집 세 들어 살 때 미숙이네가 그 나무를 심었다고 했지?"

꽤 그럴싸한 감나무 은행나무 벚나무가 아니다. 우아한 여인의 모습을 띤 목련, 요염한 자태를 드러낸 장미, 날이 선 탱자나무가 아닌 게다. 그저 재래식 화장실 옆에 서 있는 늙수그레한 나무. 이렇다 할 호칭도 섣부른 동정도 없는 나무. 그가 바로 그 나무다.

도피할 수 없는 절대적인 삶. 고통은 가혹한 슬픔과 맞물려 있다. 변소와 맞붙은 곳에는 돼지우리가, 막바로 좀 더 깊은 지린내가 풍기는 공중변소가 자리했다. 그들은 생리적 현상을 과도하게 끊임없이 분출했다. 들쑥날쑥, 와르르 쏟아져 내렸다. 매번 동네 남정네들이 피워대는 담배 연기도 떠밀려 왔다. 그야말로 미약한 나무의 감각 장치는 쉴 새 없이 작동했다.

공기 좋은 한적한 시골 마을, 그는 꿈꾸었다. 알량한 신선놀음은 언감생심. 한껏 튼실하고 건장한 나무가 되리라고. 추위에 잘 견디는 것만이 능사는 아니었다. 번번이 한낮의 호들갑스러운 소리가 구린내와 함께 그의 고막을 뚫었다. 줄곧 체념에 쌓인 채 변소의 성역을 감내하는 듯싶었다. 잠시 비껴간 고요와 스산하고도 차디찬 기운, 육중한 어둠을 틈타 겨우 잠잠해졌다.

그는 풍성하지 않다. 푸르름이 무색하게 점점 탄력을 잃었다. 더구나 그의 잎은 한없이 옆으로 쏠렸다. 껍질마저 우둘투둘하다. 빈번하게 추레하다. 요행히 꽃은 피어났다. 둥근 별처럼 수줍게 매달린 모양새가 영 낯설다. 심지어 열매도 달렸다. 약재에 쓸 법한 열매는 충분한 먹거리의 효용성을 두지 않았다. 오히려 까마중의 콩알만 한 까만 열매가, 샐비어 꽃잎이 바짝 허리를 숙인 사람들의 손길을 붙잡았다. 나무는… 모멸을 당할 만큼 등한시했다. 그 누구조차도.

나무에게는 시간의 우월성을, 인간에게는 공간의 안락함을 내맡긴다. 허나, 그는 계절의 순환을 겪기에 충분치 않다. 변화를 도모하기는커녕 시선을 끌 만한 일도 없다. 그에게는 익숙함이 자리한 권태로움 같은 무기력감이 다분하다. 부동자세마저 안쓰럽다. 다만 침착성을 잃지 않고, 나뭇가지는 진실되게 자신의 의지대로 뻗어 나간다.

그는 고독의 그물망에 갇혔다. 어느 누군들 대신할 수 없으며 죽음의 대기실처럼 공포스럽다. 때때로 주인집의 일곱 살 소녀가 그의 주변을 맴돌았다. 그녀는 너른 마당이 아닌 높다란 담장을 골랐다. 담장 위에 오를 때마다 제법 진지했다. 고즈넉한 들녘은 흙의 기운에 힘입어 한없이 너풀거렸다. 살방살방 걷는 소녀의 몸이 기분 좋게 흔들렸다.

이따금 조무래기들도 마당을 팔짝팔짝 뛰어다녔다. 술래잡기를 하고 팔방 놀이, 고무줄놀이를 즐겼다. 천방지축 뛰어다니는 아이들은 흡사 재잘대는 어린 참새다. 순진무구한 아이들이 그의 곁에 머물 만한 새들을 대신해 생기를 불어 넣었다. 허허허, 조각조각 웃음이 묻어났다.

인간들은 충동적인 행동으로 한곳에 힘을 쏟을 수 있지만,

식물은 각자의 역할들에 맞게 서로 보완하며 살아가는 끈끈한 연대 의식이 있다. 그의 조직은 유기적인 결합을 형성한다. 그의 내부조직은 감히 신이나 인간이 건드릴 수 없는 다름이 존재한다. 그는 타인의 영향을 받지 않고 오직 성장만을 위해 내부에서 긴밀하게 역할 분담을 한다. 오롯이 생명을 위해 최대한 자신의 역할을 충실히 이행한다.

나무는 제 주인에게 주저 없이 책무를 다하고 있을까.

"그 나무? 그 나무는 빨랫줄 매달 때 쓰잖여!"

그는 운명처럼 행동을 취한다. 고삐에 묶인 듯 마당을 가로질러 마루의 기둥과 유기적 관계를 맺는다. 주인아주머니가 내건 빨래는 늘 촘촘히 가득 찼다. 농촌의 팍팍한 삶은 빨래의 무게만큼 버거웠다. 속수무책으로, 간혹 풀섶에서 발견한 뱀의 껍질까지 내걸렸다. 간신히 균형을 맞춰 꺽다리 바지랑대가 중심을 잇는다. 나붓나붓 빨래가 춤을 췄다. 무거워졌다 가벼워지기를, 나타났다 사라지기를, 익숙하게 반복하며 일상의 한 부분을 채웠다.

그가 바라는 건 애정 어린 위로와 충분한 햇빛, 물 그뿐이다. 불확실한 어느 날, 소녀는 고개를 젖혀 그의 얼굴을 빤히 쳐다보았다. "아이, 눈부셔!" 자연의 이치는 혼돈으로 사로 잡힌다. 퍼붓는 햇발에 그녀는 그만 눈을 찔렀다. 이내 이맛살을 찌푸린 채 연신 눈을 비볐다. 찬연히 빛나며 마음을 사로잡던 고마운 태양이 그를 절망에 가깝게 파괴했다. 하아, 타는 듯이 허우룩하다.

측백나무는 꿋꿋이 버텼다. 돌연 새로운 묘목이 예기치 않게 등장했다. 큰아버지 댁에서 공짜배기로 얻은 거란다. 어린 사철나무는 식목일을 기념하여 멀찍이 변소를 피해 뒤꼍에 정착했다. 아이들은 반질반질한 잎을 만지작거리며 깔깔댔다. 앙증맞은 반려동물을 데려다 놓은 듯 빈번하게 드나들었다. 녀석은 용케도 우월한 환경 속에서 부쩍 하늘로 뻗었다.

그들을 탓하지 않았다. 결단코, 그는 성미 고약한 노인네는 아니다. 그도 한때 청춘이 있었나. 젊은 시절의 활기가 기억 속에 존재하지 않았다. 나무는 극도로 쇠약해졌다. 수척한 몸통은 말할 것도 없고, 푸석푸석한 잎과 적갈색을 띤 껍질은 세로로 길게 쩍쩍 갈라졌다. 그가 늙듯이 군데군데 녹이 슨 파란색 대문 또한 덜컹거렸다. 애꿎은 발길질에 파란 대문은 끼익 댔다. 그는 가슴이 아렸다.

나무는 불행할까. 그에게 말을 건네는 이는 간사한 바람뿐이다. 허공에 무기력한 팔이 너울성 파도마냥 속절없이 흔들린다. 자, 평온함을 잃지 않아야 한다.

어둠은 조건에 맞춰 변신을 시도한다. 색깔의 농도를 다양하게 바꾼다. 밤은 불완전하다. 충분하지 않다. 소음을 떨쳐 보낸다. 적막과 정적, 깊은 고뇌가 흐르는 시간. 밤의 여신이여! 극도로 자연스럽게, 가장 가혹한 방법으로 그는 태풍에 지체 없이 마구 흔들렸다.

위기의 순간, 그는 마지못해 '쿵' 땅바닥에 온몸을 곤두박질쳤다. 비명을 내질렀다. 힘없이 빨랫줄이 널브러졌다. 고통스러운 몸짓에도 미소가 끊이지 않았다. 비·로·소 측백나무는 살포시 달콤한 휴식을 취할 수 있었다.

운수 좋은 날

　실로 모처럼 가족 간의 주말 나들이였다. 한껏 들뜬 열 살 아들은 계곡에서 물고기를 잡고 싶다고 설레발을 치는가 하면 딸은 짜릿하고 스릴 넘치는 워터파크를 외쳤다. 계곡은 물이 차갑고 깊은 데다, 크고 작은 물고기들이 워낙 날쌘돌이라 바짝 애만 태울 것이 뻔했다. 거듭되는 난관 끝에 최종 목적지를 바닷가로 정했다.
　나쁘지 않은 선택이었다. 게를 잡으려면 어떤 것이 적합할까 한참을 뒤지다 튀김용 나무젓가락이 제법 그럴싸했다. 지난번에 가져갔던 물통도 빠뜨리지 않고 챙겼다. 남편은 어망이나 뜰채가 있는지 살펴보다 크고 긴 양파망을 찾았다. 굳이 양파망이 필요할까, 복잡하고 까다롭게 생각하지 말자며 돌돌 말아 넣었다.

　가는 길은 꽤 밀렸다. 얼마나 지났을까, 아들은 멀미가 나는 것 같다며 투덜댔다. 온갖 불평불만을 삽시간에 잠재울 만한 건 스마트폰이다. 어쩌랴, 집에 두고 온 모양이다. 불행 중 다행인지 아이들은 할 수 없이 노래를 불렀다. 꽤 많은 곡이 쏟아져 나왔다. 요즘 동요는 고리타분하지 않았다. 예전보다 훨씬 다양한 소재와 귀에 쏙쏙 박히는 가사들이 산뜻하고 생동감이 넘쳐 가는 내내 흥미진진했다.

　고단한 도로는 쉽게 뚫리지 않았다. 송정을 지나 기장으로 향하는 길에 다다르자 간신히 숨통이 트였다. 여름을 마무리하는 가을 초입의 날씨는 더위와 맞물려 더없이 화창했다. 수산과학관에 도착하자 마음이 바쁜 아이들은 자라와 남생이, 잉어 등을 보는 둥 마는 둥 곧장 바닷가로 냅다 뛰었다.

　하늘은 열고 바다는 짙푸르다 못해 끈끈했다. 채색하듯 선명한 빛이 수평선을 이루고, 낮은 파도와 여기저기 드러난 바위들 사이로 물이 찼다. 바닷가에는 게나 물고기를 잡으려는 어른과 아이들이 드문드문 보였다. 아들은 허겁지겁 아빠를 따랐다. 딸은 내 손을 잡고 조심스럽게 발을 내디뎠다.

여러 작은 물고기들이 눈 바로 아래에서 헤엄쳤다. 남편은 양파망을 가지고 물고기를 잡았다. 나는 빈 통으로 물고기가 많은 쪽에서 두레박질하듯 물을 퍼 올렸다. '이런다고 설마 물고기가 잡히겠어.' 신기하게도 통 안에서 물고기가 헤엄쳤다. 나처럼 둔한 물고기가 참 운이 없구나 싶었다. 바위틈 이곳저곳에 몸을 숨긴 게가 은근히 많았다. 소라게 정도는 아들도 쉽게 잡았다. 남편은 나무젓가락을 이용해 안간힘을 쓰고 있는 게를 어떻게든 끄집어냈다. 통 안에는 양파망으로 건져 올린 서너 마리의 물고기와 소라게, 몇 마리의 게들이 버둥거렸다.

아이들은 통 안을 보며 방글거렸다. 좀 더 큰 물고기에, 좀 더 큰 게에 더욱 환호했다. 한편에는 낚시에 한창 열을 올리는 남자가 보였다. 간간이 낚싯대를 끌어 올리며 주야장천 미끼를 끼우는 모습이 눈에 들어왔다. 남편은 아예 바지를 걷어 올리고 물가 쪽으로 가 무언가 큰 게 없는지 요리조리 살폈다. 나는 아예 한곳에 눌러앉아 게가 있는 곳을 포착해 아들에게 위치를 알렸다. 번번이 게가 탈출했다. 딸은 그저 시원한 바닷물에 발을 담그다 간혹 이리저리 주위를 왔다

갔다 했다.

 한낮의 여유로운 찰나, 남편은 "여기 봐라!" 목청 높여 연거푸 소리를 내질렀다. 굉장했다. 크기도 꽤 컸다. 남편의 수중에 또렷이 문어 한 마리가 꿈틀거렸다. 문어는 남편의 굵디굵은 팔에 빨판을 안착시켜 위협적으로 찰싹 들러붙어 있었다. 어떻게든 떼어 내려고 기를 쓰는 남편과 떨어지지 않으려고 필사적으로 버티는 문어가 치열하게 사투를 벌였다.
 적절한 긴장감, 파닥파닥 가슴이 뛰는 기나긴 순간. 제아무리 힘센 문어라도 인간의 절대적인 힘 앞에서 맥없이 무너졌다. 문어는 그대로 양파망 속으로 밀려났다. 명예로운 훈장처럼 남편의 왼쪽 팔은 벌겋게 부어 있었다. 예기치 못한 흥미로운 광경에 지켜보고 있던 구경꾼들이 열광하며 손뼉을 쳤다. 의기양양해진 남편은 너털웃음을 지었다.
 아들은 이제 상어나 대게도 문제없이 잡을 것 같다며 아빠를 무척이나 자랑스러워했다. 나는 졸지에 문어 지킴이가 되었다. 촘촘한 양파망 사이로 성난 문어는 가만히 있지 않고 다리를 계속 꼼지락거렸다. 기어코 망을 뚫고 다리 두 개가 삐져나왔다. 행여 도망칠세라 나는 단단히 아가리를 틀어막았다.

사람들은 너도나도 '게다, 물고기다' 소리를 지르며 부지런히 움직였다. 나는 꼼짝없이 그 자리를 고수했다. 남편은 아예 더 멀리 바닷가 쪽으로 자리를 옮겼다. 아들은 신기한 듯 바라보는 아이들에게 우리 아빠가 맨손으로 잡은 문어라고 뻐겼다. 문어에 도통 관심 밖인 딸은 평평한 바위에 드러누워 제대로 일광욕을 즐겼다.

그것도 잠시, 누군가 "문어다!" 하는 소리가 들렸다. 이런, 나는 서둘러 양파망을 살폈다. 우리 문어는 굳건히 자리를 지키고 있다. 순간 또 다른 문어가 등장했다. 무방비 상태로 바위에 앉아 있던 어느 엄마와 아들 바로 코앞에 제 발로 나타났던 거다. 순식간에 발생한 일이라 둘은 어찌할 바를 몰랐다. 그녀는 재빨리 가지고 있던 포크로 문어가 도망가는 것을 저지하고, 아들은 네모난 통으로 봉쇄했다.

집념과 오기는 대단했다. 둘의 연합작전은 완벽하게 맞아떨어져 좀처럼 문어가 빠져나갈 틈을 주지 않았다. 덥석 손으로 잡아 올리는 위험이나 고통 따위는 보이지 않았다. 포크 하나로 제압하는 힘은 참으로 노련했다. 급기야 문어는 최후수단으로 먹물을 뿜어댔다. 하지만 그들은 절대 굴하지 않았다. 결국 문어는 견디다 못해 운명에 순응하며 아이가 가지고 있는 통으로 옮겨졌다.

뒤늦게 아이의 아빠가 왔다. 크게 기뻐할 줄 알았다. 난감한 표정이 역력한 남자는 아내의 요청에 못 이겨 마지못해 문어를 들고 사라졌다. 순식간에 일어난 포획 장면은 처음과 달리 다른 사람들의 큰 반향을 불러일으키지 못했다. 나와 아들은 놓친 고기를 아쉽게 떠나보내듯 한참이나 망연자실 눈을 떼지 않았다. 힘겹게 얻은 문어는 이상하게 질겼다.

무덤덤하게 지나치는 하루의 일과일 수 있다. 조금이나마 떠올릴 만한 넘실대는 행운을 손에 넣었다. 누가? 글쎄… 적어도 딸에게는 무척이나 즐거운 날이었다.

아버지의 자전거

마당 한 모퉁이에 자전거가 있다. 아버지의 자전거는 주인을 위해 목숨까지 바친다는 충견이요, 남자들의 애마라 불리는 동반자 같은 차와 다름없다.

자전거가 또 말썽이다. 낡은 자전거는 돈키호테의 병약한 로시난테가 금방이라도 고꾸라질 듯 위태위태하다. 지팡이 같은 받침대를 의지해 간신히 버티고 서 있는 모습이 안쓰러울 지경이다. 타이어를 간 것도 엊그제인데 이제는 헛도는 체인이 말썽이다. 매번 아버지는 기름때가 잔뜩 묻은 손을 씻었다. 언제부터인지 브레이크마저 말을 듣지 않아 속도를 조절하는 게 영 쉽지 않다.

녹이 슨 자전거의 모양새 또한 볼품이 없다. 엄마는 그만큼 탔으면 본전은 뽑았겠다며 차라리 새 걸로 사는 게 낫겠다고 부추긴다. 고치면 무리 없이 탈 수 있는데 사긴 뭘 또 사냐며 오히려 면박을 준다. 아버지는 변화를 좋아하지 않았다. 돈도 돈이겠지만 무엇보다 몸에 익숙해져 쉬이 바꿀 엄두를 내지 않는다. 그저 당신 몸에 편하면 그만이다. 후줄근한 평상복처럼 아버지는 자전거를 입는다.

아버지의 자전거가 발걸음을 대신한다. 가는 길에 포문을 열면 지나온 길은 선명한 바큇자국을 새기며 흔적을 남긴다. 논에 다녀오고 나면 페달에 덕지덕지 묻은 흙을 고무신이나 장화로 두어 번 툭툭 떼어 내고 만다. 짐받이는 결코 비워둔 적이 없다. 소에게 먹일 꼴을 베어 낟가리처럼 척척 쌓는다. 아버지의 등보다 높이 올린 풀은 혼연일체가 되어 마당으로 들어서는 내내 전혀 흐트러짐이 없다.

노련한 운전 실력은 술을 마시고 올 때도 마찬가지다. 술이 거나하게 취해도 아버지는 어김없이 자전거를 챙겨 왔다. 가누기 힘든 몸으로 비틀비틀 서로를 의지해 사위에 머문 밤을 껴안았다. 취기가 묻은 콧노래가 집 앞에 가까이 닿으면 엄마는 그제야 바가지 섞인 푸념을 내려놓았다.

자전거가 강가를 향한다. 고단한 농사일을 잠시 놓아두고 망태기 하나 핸들에 걸고 낚싯대를 단단히 묶는다. 특별한 휴가라도 얻은 듯 챙이 둥근 밀짚모자를 눌러 쓴 채 자전거가 팔딱팔딱 달린다. 망둥어가 가득 담긴 묵직한 망태기를 싣고 올 때면 갓 잡은 물고기의 몸놀림처럼 자전거도 활기에 찬다. 망둥어를 쏟아낼 때마다 탄성을 질러대는 내 목소리가, 엄마의 손이 분주해지는 날이 많았다. 이따금 운이 나빠 헐거운 망태기를 핸들에 걸고 오는 경우도 있었다. 아버지의 붉게 상기된 볼만큼 노을이 선연해질 무렵 자전거는 억지로 끌려오는 망아지처럼 지쳐 보였다.

아버지의 자전거는 손자 손녀들을 태울 때 빛을 발한다. 자전거는 금세 자전차가 되어 이리저리 동네를 배회한다. 무서워서 엉엉 우는 희영이는 느릿느릿 완행열차가 되고 스피드를 즐기는 지훈이는 급행열차가 된다. 아버지는 술을 마셔도 매한가지였다. 시골길이라 속도를 발휘하는 자동차들이 먼지를 가르며 달리기에 노심초사했다. 누구보다 불안한 건 행여 아이들이 다칠까 봐 두려운 할머니와 아이들의 엄마였다. 그저 아이들은 자전거를 타는 것보다 할아버지가 사주는 과자와 사탕을 먹는 재미에 서로 타겠다고 야단이었다.

　직장을 다니면서 버스를 놓친 적이 있다. 늘 급히 서두르는 탓에 버스를 기다리는 법이 없이 간당간당 타는 게 버릇이 됐다. 아버지는 그런 내게 미간을 찌푸리며 혀를 끌끌 찼다. 엄마는 행여 딸자식이 직장 상사에게 애먼 소리라도 들을까 싶어 걱정이 앞선 모양이다. 아버지더러 얼른 자전거로 데려다주란다. 버스는 굽이굽이 돌아 고갯마루를 거쳐 지나치기에 잘만 하면 별 무리 없이 탈 수 있다. 뛰어가자니 시간이 촉박하고 거듭 놓칠 염려가 있다. 가뿐하게 혼자 자전거를 타려니 정류장에 세워놓으면 잃어버릴 우려가 있고, 또다시 그곳까지 걸어갔다가 자전거를 타고 와야 하는 번거로움을 감내해야 한다.

　엄마의 등 떠미는 소리에 아버지는 마지못해 자리를 털고 일어섰다. 그 와중에도 자전거에 바람이 충분히 들었는지 꼼꼼히 살핀 후 옷이 더럽혀질까 종이상자를 뜯어 뒤에 고정시켰다. 평탄한 고샅길은 무리 없이 달렸다. 비탈길에 들어서자 자전거는 힘에 부치는지 비틀거릴 뿐 좀처럼 나아가지 않았다. 아버지는 온 힘을 다한다. 평소 강한 자존심 하나로 살았던 강인함은 온데간데없이 가쁜 숨을 몰아쉬었다.

나는 조심스레 자전거에서 내려 살며시 뒤를 밀었다. 아버지는 그제야 숨을 골랐다.

꾸역꾸역 오르막길에 다다랐다. 아버지는 어서 자전거에 타란다. 나는 차를 또 놓치지 않을까 하는 불안보다 자전거를 계속 타야 하는 어색함과 불편함이 앞선다. 쭈뼛쭈뼛 자전거 타기를 주저했지만, 시간도 많지 않은 데다 암묵적인 아버지의 매서운 눈초리를 피하기가 어려웠다. 이제 자전거가 급물살을 탄다. 막힘없이 질주하는 자전거가 대견스럽기 이를 데 없다. 아버지는 내가 괜찮다고 해도 정류장 근처까지 속도를 늦추지 않는다. 고맙다는 말조차 아버지의 어깨 너머로 허공에 맴돈 채 자전거와 함께 사라진다.

결혼 후 처음으로 친정에 갔을 때이다. 아버지는 여느 때처럼 잔소리를 퍼부었고 친정에 오래 머무는 게 아니라며 빨리 가라고 다그쳤다. 아침에 갈 채비를 서두르다 마당을 보니 아버지의 자전거가 보이지 않는다. 바쁜 농사철도 아닌데 무슨 급한 볼일이 있다고 허둥지둥 나가셨을까 싶었다. 예의라면 깍듯이 챙기는 아버지가 차 시간이 다 되도록 오지 않았다. 더는 기다릴 수 없어 엄마가 이것저것 챙겨준 짐을 들고 부산행 시외버스를 탔다.

버스가 삼십여 분쯤 달렸을까. 띠리링 언니에게 문자가 왔다. "잘 가고 있어? 친정에 자주 좀 와라. 아빠가 네 얼굴 보면 눈물이 날 것 같다고 이른 아침부터 밖에 나갔다더라." 그래, 이유 없이 자전거를 타던 분이 아니었지. 논둑길을 따라 자전거는 휘적휘적 시간을 쫓아 달린다. 아직 빛이 차오르지 않은 아침, 아버지도 자전거도 논둑길에 오래도록 머문다. 나는 아버지 대신 주르륵 눈물을 흘렸다.

평설

서정과 서사의 심미적 교감, 아버지를 다시 읽다

박 희 선
수필가, 문학평론가
우하 박문하문학상 운영위원장

> 평설

서정과 서사의 심미적 교감, 아버지를 다시 읽다

― 김미정 수필집 『손이 말했다』 ―

박 희 선
수필가, 문학평론가, 우하 박문하문학상 운영위원장

▎김미정 작가에 대하여

　수필가에게 수필은 내 안의 사념을 바깥으로 내보내는 일이다. 잘난 녀석은 잘나서, 못난 녀석은 못나서 품고만 있다가 드디어 험난한 세상으로 던지며 튼실한 뿌리를 내리라고 응원한다. 그게 작가의 진솔한 마음이다.
　김미정은 이력을 '전북 군산에서 태어나 꽤 오랫동안 지평선을 바라보았다. 때때로 서성이는 구름에 시선을 담고, 기법과 비법을 오가며 진한 그리움 같은 글을 짓는다.'로 풀어놓았다.

2012년 『문학도시』로 등단한 그에게 수필은 진한 그리움이다. 문장마다 배어 있는 물기가 읽는 이의 마음을 촉촉하게 적신다. 그에겐 창조적 욕망이 꿈틀거린다. 그동안 공모전에서 BS금융문학상 장려상, 금샘문학상 산문 부문 우수상, 추보문학상 우수작, 《부산수필문예》 올해의작품상, 맥파문학상 최우수상을 받았으니 부지런히 썼다는 생각이 든다. 산문이든 운문이든 공모전에서 뽑힌다는 것은 예민한 촉수로 수만 가지의 생각을 가진 심사위원들의 마음이 하나가 되어야 이루어지는 일이다. 스치는 바람조차 작품에 머물게 해야 하니 참으로 빛나는 상이다. 그의 도전은 계속 이어져 나날이 성장해 갈 것이다.

김미정 수필가의 첫 수필집 『손이 말했다』는 모두 40편으로 구성되어 있다. 차례에 문득, 어렴풋이, 사뭇, 떠오른, 그날이 모여 수필집 한 권이 되고 문득 어렴풋이 사뭇 떠오른 그날의 이야기들이 그리워 품었던 아버지를 꺼내 다시 읽는다.

그의 수필집엔 아버지를 주제로 쓴 수필이 많다. 그중 6편을 톺아보려 한다. 그 속엔 김미정 수필 문장의 정갈한 모습이 겸연쩍은 듯 앉아있기 때문이다. 아무나 생각할 수 없는 곳에서 아버지를 떠올린다는 것은 그만이 갖고 있는 또 다른 역사다. 「빛」에서, 「밥을 차리다」에서, 「사진」에서, 「그 자리」에서, 「사자어금니」에서, 「손이 말했다」에서 아버지를 그린다. '사랑합니다.'란 어눌한 표현이 어색해 아버지께 수필로 올리는 김미정의 진솔한 헌사다.

작품 1 _ 「빛」과 아버지의 빛

 김미정의 작품 「빛」엔 아버지의 다양한 모습이 보인다. 그의 서랍엔 감성의 농도가 짙은 아버지의 이야기가 가지런히 누워있다. 두려운 아버지, 부성애 강한 아버지, 무섭지만 자전거를 태워주는, 때로는 매몰찬 아버지를 다정다감한 아버지로 재구성하여 그리움에 젖게 한다.
 수필 「빛」은 서사와 서정과 은유를 중심으로 유유히 흐른다. '빛이 쏟아진다.'로 시작해 이야기를 끌고 가는 힘은 '둘 사이에 흐르는 침묵이 자전거의 페달에 휘감긴다.'는 문장을 불러낸다.
 김미정은 은유법에 능하다. 예술적 정감도 남다르다. 오빠가 쓰던 다리 부러진 천덕꾸러기 안경을 김미정의 눈에 갖다 댄다. 안경은 마법을 부린 듯 '힘없이 벽에 내걸린, 희뿌연 윤동주의 「서시」가 한 무더기의 별빛을 쏟아내며 점점 더 뚜렷이 다가왔다.'로 아버지의 등장을 은유로 들이미는 수법은 괄목할 만하다. 아버지가 매몰차게 부르면 '팔자 좋게 낮잠을 자던 개가 먼저 화들짝 몸을 일으킨다. 나는 툭 불거져 나온 양쪽 볼을 씰룩이며 꿈적꿈적 신발을 구겨 신는다.'로 싫지만 아버지를 따라가야 하는 상황을 적절하게 묘사하고 있다.

    어둠이 짙게 내려앉은 그날 밤, 아버지는 술기운에 몸을 가누지 못했다. 불콰해진 얼굴로 정체를 알 수 없는 노랫가락마저 곁을 떠나지 못해 허공을 맴돌았다.
    아버지는 마루에 걸터앉아 하늘을 바라본다. "야! 야! 여기 와 봐라. 오늘은 요상허게 달이 여러 개가 떴구나." 뒷간에 갔다 붙들린 나도 꼼짝없이 눈썹달을 본다. 희한하게 아버지 말대로 달은 하나가 아닌 네댓 개가 한껏 빛을 발하며 너울너울 춤사위를 펼쳤다. 두 사람은 행여 달이 제 모습을 감추는 게 아닌가 싶어 미동도 하지 않는다. 아버지의 흔들리는 눈동자에, 초점을 잃은 내 어린 두 눈에 달빛은 물결 따라 출렁거렸다.

-「빛」 중에서

아버지의 눈빛이 그윽하다. 달빛에 반해 무아지경에 이르며 어둠을 오래도록 붙잡고 있다. 처연함마저 온몸에 감돈다. 거무스름한 얼굴에 은은한 달빛이 사뿐 내려앉는다. 마루에 누워 혼곤히 잠든 아버지의 굽은 등이 허허롭지 않다. 어둠이 빛이 되고 빛이 어둠이 된다.

- 「빛」 중에서

수필 「빛」에는 아버지의 눈빛, 아버지가 선망하는 도시의 빛, 불콰한 얼굴로 바라본 하늘에 떠 있는 여러 개의 달, 부녀가 함께 바라보는 달빛이 등장한다. 아버지도 한때는 빛이 났고 그러다 언제부턴가 아버지는 빛을 잃는다. 빛을 잃은 아버지를 어둠으로, 빛나던 한때를 빛으로, 어둠이 빛이고 빛이 어둠이 될 수 있는 두 개의 사물을 상대시켜 대립구조로 촘촘히 엮어간다.

작품2 _ 「밥을 차리다」와 아버지의 밥상

「밥을 차리다」는 김미정의 가족애가 물씬 풍기는 수필이다. 어린 날 엄마가 집을 비우면 아버지의 밥을 짓고 밥상을 차린다. 태운 밥이든 설익은 밥이든 물에 말아 먹기 때문에 어떤 밥을 좋아하는지 가늠하지 못한다. 아버지는 곧이어 밥그릇을 비운다.

깨끗하게 비운 밥그릇, 비어있다는 것은 채울 무엇이 있다는 것을 의미한다. 빈 밥그릇 속에 '그네들'이 있고 아버지의 큰 눈망울과 긴 속눈썹에서 '그'를 만난다. 이때의 '그네들'은 누구일까. 어미 소와 송아지다. 아버지의 눈망울에서 읽은 '그'는 송아지다.

텔레비전을 보고 과자를 먹고 놀다가 출타한 아버지의 전화를 받는다. '밥은?' 김미정은 다 큰 딸 밥걱정에 감동을 받는다. 아직 먹지 않았다고 답하는데 '누가 너 말했냐. 소 말여.' 섭섭한 마음을 접고 아버지의 밥상을 차리듯 소에게 줄 여물을 바삐 준비한다. '나는 부랴부랴 양동이를 가져가 수도꼭지를 홱 비튼다. 물도 급했는지 콸콸 넘쳐흐른다.' 김미정은 내가 바쁘다고, 급하다고 말하지 않는다. 홱 비트는 수도꼭지와 콸콸 넘치는 물로 바쁜 것을 대신한다. 그의 다부진 필력이 수필을 활기차게 한다.

아버지는 여물을 먹이고 쇠잔등을 쓸며 '우리 식구 먹여 살릴 밥줄'임을 강조한다. 그랬던 소를 소 값 파동과 사료 값 인상으로 떠나보낼 수밖에 없다.

"고것들. 니들은 내 맘 알거여. 니들이 우리 식구 먹여 살릴 밥줄이여." 아버지는 쇠잔등을 쓰다듬으며 살가운 정을 담아 이야기를 쏟아내고 있었다. 소들도 아버지의 마음을 아는지 혀를 쭉 내밀며 아버지 손을 연거푸 핥았다. 나는 그 자리에 선 채 물기 어린 눈만 끔벅거렸다. 몇 년이 흘러 소값 파동과 사료값 인상으로 별수 없이 소를 떠나보내야 했다. 아버지는 빈 외양간을 둘러보는 것만으로 적적함을 달래는 날이 더욱 많아졌다.

-「밥을 차리다」중에서

김미정은 빈 외양간에서 적적함을, 가족 하나를 보낸 텅 빈 마음을 달래는 아버지를 지켜본다. 아버지를 위해 지금껏 밥상을 차렸다고 생각했지만「밥을 차리다」말미에 '아버지는 소를 위해, 더불어 식구들을 위해, 최선을 다해 정성껏 밥상을 차려주셨다.'로 아버지에 대한 고마움을 전한다. 아버지의 서사는「사진」속으로 길을 나선다.

작품3 _「사진」속의 아버지 사랑

사진은 수많은 이야기를 품고 있다. 김미정의「사진」속 아버지는 장면마다 다른 모습이 고정되어 그날만의 이야기를 풀어낸다. 사진, 한 장엔 키가 훤칠한 아버지가 도망치는 누군가를 부르고 있다. 젊은 날의 아버지 모습에서 '나이 든 아버지는 설핏 스치는 기억에 입을 굳게 다문다. 안방 서랍 안에 동그마니 놓인 사진은 어느 틈에 사라졌다. 누군가에게는 참으로 그립고 고마웠던 사진 한 장.'이지만 아버지의 아린 기억에 시선이 멈춘다.

사진, 두 장엔 표류하던 아버지의 기억을 머물게 한다. 김미정의 중학교 졸업식 날 아버지와 단둘이 찍은 사진이 화제다. 어쩌다 입은 쪽빛 양복, 졸업생 보다 더 상기된 표정이 엄마들 사이에서 더 불편했던 아버지다.

포즈를 취한다. 아버지와 나 사이의 모호한 간극, 아버지는 내 옆자리가 아닌 등 뒤를 선택했다. 아버지의 등대는 흔들림이 전혀 없다. 환한 빛을 발하며 온몸을 집중해 정면을 응시한 채 꼿꼿이 서 있다. 다부진 입, 불끈 쥔 두 주먹은 더없이 강인하다. 거친 풍랑에도 묵묵히 제 역할을 다해내는 삶의 길라잡이다. 나의 잠바가 푸른 바다를 닮아 더더욱 새파랗다. 한껏 선명한 색깔을 내뿜는 조화 꽃다발은 농밀하기만 한 짙은 노을이다.

- 「사진」 중에서

사진 속 꼿꼿이 서 있는 그때의 아버지는 김미정의 삶의 길라잡이다. 어린 김미정의 뒤에서 환한 빛을 발하며 거친 풍랑에도 굳건히 지켜주는 등대 역할을 거뜬히 해낸다. 살면서 비틀거릴 때도 많지만 아버지가 딸을 믿는다는 확신에 삶을 다잡는다.

마지막, 한 장은 아버지의 칠순 날에 찍은 가족사진을 통해 핏줄사랑을 재확인하고 있다. 아버지와 엄마, 그 사이에 태어난 아이들이 자라 어른이 되어 스무 명 가족을 만들어 사진을 찍는다.

> 아버지와 엄마가 만들어나간 길에 서로 다른 나와 네가 또 만난다. 둘을 닮은 열매의 결실 속에 끊임없이 끈은 이어진다. 시간이 만들어낸 몸과 마음의 길이, 넓이가 커가고 네 명의 아이들이 새롭게 등장했다. 아이들은 사진 속 모습으로 외할아버지와 대면한다. 십여 년이 넘게 흘러도 그대로 칠십 평생 종착역에 머문다.
> －「사진」 중에서

가족이 많이 늘었다. 사진 속 아버지 얼굴엔 찬 바람도 지나간다. 김미정은 아버지의 무거운 구릿빛 얼굴을 '선명한 색깔을 내뿜는 조화 꽃다발의 농밀하기만 한 짙은 노을'로 끌어당긴다. 사랑이든 존경이든 무엇으로 아버지를 조각해도 뒷모습은 쓸쓸하다. 그럼에도 깊은 사랑에 작가는 속절없이 웃을 수밖에 없다.

작품4 _「그 자리」의 아버지 질문

김미정 수필가는 말보다 글에 힘이 실린다. 글은 작가의 사유와 성찰을 담은 총체다. 글 한 편에서 느끼는 문학의 미감은 독자를 기쁘게 한다. 수필「그 자리」의 아버지는 과묵한 성품이지만 부성애를 느끼지 않을 수 없다. '대쪽 같은 성품, 허리를 곧추세우고 흐트러짐 없는 아버지'는 자상함과는 거리가 멀다. 아버지의 눈에도 딸이 살가운 눈치는 아니다. 두 사람은 심드렁과 손잡고 타협할 수 없는 대화를 나눈다.

직장생활을 하며 저녁 설거지를 하고 있을 때였다. 등 뒤에 내리꽂는 아버지의 시선이 부담스러워 손놀림이 빨라졌다. 아버지가 술이 얼큰하게 취해서는 "직장생활 힘들지?" 묻는다. 그렇다고 심드렁하게 답하자, 힘든 게 당연한 거지 약해 빠진 소리 한다며 타박했다.

－「그 자리」 중에서

   다른 시간의 저녁, 설거지를 하는 와중에 아버지는 늘 처음처럼 직장생활이 힘든지 물었다. 이번에는 힘든 게 전혀 없다고 다부지게 말했다. 아버지는 도리어 직장생활 하는 게 쉬운 게 아니라며 당신 앞에서 거짓말을 늘어놓았다고 된통 면박을 줬다. 번번이 똑같은 질문에 "뭐, 조금 그렇죠. 힘들어도 열심히 할게요." 두루뭉술하게 얼버무렸더니 반박할 말이 없었나 보다. 이후에도 직장생활을 하는 내내 부녀지간의 고루한 질문과 답은 감정의 끈 없이 계속되었다.

－「그 자리」 중에서

  「그 자리」의 아버지는 늘 그 자리에서 딸의 등 뒤에 대고 "직장생활 힘들지?"로 시작해 담금질을 한다. 그 말속에 얼마나 많은 당부가 들어있었을까. 직장생활은 당연히 힘든 것, 내 딸인 너는 잘할 수 있다는 격려, 돈을 번다는 것은 고빗사위를 넘는 것과 같다는 말을 하고 싶었지만 오히려 타박만 하는 아버지다. 반어법에 능한 아버지를 이해하게 된 것은 각다분한 삶을 읽게 된 이후다.

김미정은 온천천을 거닐다 한곳을 응시하는 왜가리 한 마리를 만난다. 긴 목을 늘이고 저벅거리며 걷는 몸짓이 아버지다. 기세당당한 아버지는 흐르는 시간과 함께 숨을 죽인다. 「그 자리」에 나타난 김미정의 시선은 아버지가 늘 지키고 앉아있던 그 자리를 놓치지 않는다.
　아버지가 자주 물었던 "직장생활 힘들지?"에 대한 그의 대답은 무엇이었을까. '움푹 팬 아버지의 오랜 그 자리가 새의 둥지를 닮았다. 새는 가르릉 소리를 내며 푸드덕 긴 날개를 펼쳐 어딘가로 날아간다. 나는 물기 어린 눈빛으로 애정을 담아 하염없이 바라본다.'로 답한다. 아버지의 자리를 애정 어린 눈길로 바라보는 김미정의 서정은 깊기만 하다.

작품5 _ 「사자어금니」, 아버지의 인감도장

　「사자어금니」의 주제는 무겁다. 아버지에게 두 가지의 낭패가 뒤따른다. 건강을 잃게 된 거대한 낭패와 보증을 서준 작은 낭패다. 무엇이 거대하고 무엇이 작을까. 맥놀이 현상처럼 크든 작든 아버지로서는 기사회생할 엄두를 못 낼 일이다. 작은 낭패는 큰 낭패를 야금야금 파먹는다. 정신을 흔들고 환칠을 해댄다. 그런데도 김미정의 서사 그늘은 촉촉하다. 그 무엇도 죽음 앞에선 덧없다는 울림을 일찍 알게 된 것일까.

아버지의 성격은 도무지 틈새가 없다. '아버지는 도장을 찍을 때마다 항상 인주를 사용했다. 인주는 선홍빛 루주처럼 진하디진했다.' '탁탁탁 손에 힘을 줘 인주를 묻힌 후 뜨거운 입김을 한껏 몰아넣는다. 왼손까지 얹어 도장을 꾹꾹 누른다.' 진하디진한 도장밥을 묻혀 인감도장을 꾹꾹 눌러 찍는다는 것은 내가 책임질 것은 책임지겠다는 분명한 의지의 표현이기도 하다. 가세가 기운 큰딸이 청한 도움도 꿈쩍 않던 인감도장은 처절한 외로움에 지친 아버지를 사정없이 흔들어 엉뚱한 문서에 도장을 누르게 만든다.

모퉁이에 내몰린 도장은 지나치게 단단하고 차가웠다. 인주를 제대로 닦아내지 않으면 소위 도장밥이라는 두드러기가 생겨 여간 곤혹스러운 게 아니다. 아버지는 본래 사람 만나기를 즐겨하고 손님 맞기에 기꺼워하던 분이셨다. 그 일로 아버지는 위신이 서질 않았다. 언제부턴가 주위의 시선을 의식적으로 느낀 채 눈과 귀를 닫고 두문불출했다. 그해 늦은 봄, 간암 말기를 선고받은 아버지는 검버섯 가득한 얼굴에 동시다발적으로 쓰린 속이 더더욱 까맣게 타들어 갔다. 얼핏 입술 자국과 흡사한 도장부스럼처럼 아버지는 힘든 기색이 역력했다.

- 「사자어금니」 중에서

엄마가 교통사고로 입원해 있는 동안, 재수술로 입원이 길어진 동안 아버지는 동네 점방을 찾아 음주로 시름을 달랜다. 그때 알게 된 점방 여주인에게 선 보증이 잘못되어 두문불출하고 삐걱거리다 큰 병을 얻는다. 결국 병원에서 죽음과 사투를 벌이다 임종을 맞는다. 거대한 나무 한 그루의 이면은 씻을 수 없는 낙인으로 할 말을 잊고 허공만 응시한다. '아버지는 가녀린 숨소리가 잦아들 때까지…' 아내와 자식에게 얼마나 할 말이 많았을까. 문학의 향기가 긴 여운을 남긴다.

작품6 _ 「손이 말했다」 아버지와 잡은 손

「손이 말했다」에 나타난 정조는 지금껏 느꼈던 아버지와는 사뭇 다르다. 거론한 작품에서 김미정과 나누는 대화는 부정과 긍정과 반어법이 교차하고 있었다면 이 작품에선 두 사람의 손의 온도도 계절에 순응하며 호흡을 맞춘다. '문득, 빗물을 머금은 시린 손이 아버지와 맞잡은 손을 찾아 아련하게 말을 건네고 있다.'는 표현은 딸을 환대하는 아버지의 마음으로 나타난다.

    오일장이 서는 이른 아침, 아버지는 서둘러 짐 자전거를 끌고 집을 나섰다. 한참 지나 난데없이 메에에~ 웬 염소 우는 소리가 가까이서 들렸다. 마당 한편에 흑염소 한 마리가 짐 자전거에 매여 있었다. 십 리 남짓 장터를 지나 집으로 오는 내내 흑염소와 온갖 신경전을 펼쳤던 아버지. 윽박지르다 어르고 달랬을 게 불 보듯 뻔했다. 남은 기력마저 죄다 빼앗겼는지 고단한 몸을 쉬이 가누지 못했다.
                                             - 「손이 말했다」 중에서

손이 찬데 결혼하면 아기를 낳을 수 있겠냐는 아버지의 걱정, 흑염소 엑기스로 딸의 손발이 따뜻해지길 바라는 아버지의 마음을 '나의 손은 겨울마다 뜨끈한 아랫목과 같은 아버지의 손을 그리워하며 울먹이고 있었다.'로 구체화 한다.

환하게 웃고 있는 엄마와 달리 아버지의 눈언저리가 촉촉해져 있는 것이 설핏 보였다. 손은 알았다. 마지막으로 당신 곁을 떠난 셋째 딸이 먼 타향살이하는 게 안쓰러웠다는 것을.
―「손이 말했다」 중에서

아버지는 그저 오래도록 내 손을 맞잡으며 반색했다. 다만 내가 할 수 있는 일은, 이따금 복수가 찬 아버지의 불룩한 배를 가만가만히 손으로 쓰다듬는 일뿐이었다. 그날이 마지막이었다. 내 손이 밤새 흐느껴 울었다.
―「손이 말했다」 중에서

김미정은 결혼식 날 파르르 떨던 아버지의 손이 '마지막으로 당신 곁을 떠난 셋째 딸이 먼 타향살이하는 게 안쓰러웠다는 것'을 기억하고 증명한다. 손바닥 체온이 발까지 가려면 온도가 얼마나 높아야 전해질까.
「손이 말했다」의 말미 '내 손이 밤새 흐느껴 울었다.'는 부녀간 이별의 애틋한 감정을 증폭시키는 역할을 한다. 문학이 왜 언어예술일까, 문학의 미감은 어떤 역할을 할까. 김미정의 수필을 읽으며 줄곧 따라다닌 이 물음은 '내 손이 밤새 흐느껴 울었다.'에서 해소된다.

작가로 생존하길 바라며

어제의 선택이 쌓이면 오늘의 내가 된다. 그것이 긍정이든 부정이든 오늘을 또 살면 미래의 내가 그 자리에 선다. 김미정은 그 어떤 놀이보다 글쓰기를 좋아하는 작가다. 어렵게 낳은 이란성 쌍둥이를 키우며 글쓰기로 그만의 시간을 다독인다. 서사와 서정과 은유를 중심으로 유유히 흐른 아버지의 이야기에서 내 손이 밤새 흐느끼는 아버지로 끝난 평설이 수필의 속살을 헤집는 것은 아닐까 하는 생각도 든다. 그러나 이보다 더 절절하고 끈끈한 부정이 어디에 있을까 싶다.

김미정의 수필 결은 연하다. 문체가 간결하고 더없이 따뜻하다. 청년 시절에 습작한 소설 덕분인지 애틋한 분위기로 끌고 가 서사를 엮는 힘도 강하다. 그는 아직 젊다. 슬픔에 잠긴 이끼를 참신한 생각으로 그릴 줄도 알고 물 한 모금 마시면 봉긋한 유방에 새하얀 젖줄이 흐름을 인식하는 글쟁이다.

그는 은은하고 잔잔한 산문 작가로 오래 살아남을 것이다. 꼭 그리될 것이라 믿는다.

손이 말했다 김미정 수필집

2023년 12월 19일 인쇄
2023년 12월 21일 발행

지 은 이 | 김미정
펴 낸 이 | 이종형
펴 낸 곳 | 육일문화사
주   소 | 부산시 중구 복병산길6번길 11
전   화 | (051)441-5164 팩스 (051)442-6160
이 메 일 | book61@hanmail.net
출판등록 | 제02-01-125호

* 이 책의 저작권은 저자에게 있습니다.
* 서면에 의한 저자의 허락 없이 내용의 일부를 인용하거나 발췌하는 것을 금합니다.
* 잘못된 책은 바꿔 드립니다.

ISBN 979-11-91268-55-3 03810
값 15,000원

한국예술인복지재단
Korean Artists Welfare Foundation

* 본 도서는 한국예술인복지재단 〈창작준비금지원사업-창작디딤돌〉으로 지원을 받았습니다.